Business Design
How To Make Your Future In The Digital Age

羽生章洋 / 著

ビジネスデザイン
~ 未来をつくるビジョンとプロセスとITの話 ~

■お問い合わせについて
本書の内容に関するご質問につきましては、下記の宛先までFAX または書面にてお送りいただくか、弊社ホームページの該当書籍のコーナーからお願いいたします。お電話によるご質問、および本書に記載されている内容以外のご質問には、一切お答えできません。あらかじめご了承ください。

また、ご質問の際には、「書籍名」と「該当ページ番号」、「お客様のパソコンなどの動作環境」、「お名前とご連絡先」を明記してください。

●宛先
〒162-0846
東京都新宿区市谷左内町21-13
株式会社技術評論社　雑誌編集部
「ビジネスデザイン―未来をつくるビジョンとプロセスとITの話」係
FAX:03-3513-6173

●技術評論社Web サイト
https://book.gihyo.jp

お送りいただきましたご質問には、できる限り迅速にお答えをするよう努力しておりますが、ご質問の内容によってはお答えするまでに、お時間をいただくこともございます。回答の期日をご指定いただいても、ご希望にお応えできかねる場合もありますので、あらかじめご了承ください。

なお、ご質問の際に記載いただいた個人情報は質問の返答以外の目的には使用いたしません。また、質問の返答後は速やかに破棄させていただきます。

●本書をお読みになる前に
本書に記載された内容は、情報の提供だけを目的としています。したがって、本書を用いた運用は、必ずお客様自身の責任と判断によって行ってください。これらの情報の運用の結果について、技術評論社および著者はいかなる責任も負いません。

本書記載の情報は、2020 年 3 月現在のものを掲載していますので、ご利用時には、変更されている場合もあります。

以上の注意事項をご承諾いただいた上で、本書をご利用願います。これらの注意事項をお読みいただかずに、お問い合わせいただいても、技術評論社および著者は対処しかねます。あらかじめ、ご承知おきください。

●本文中に ™、Ⓡ、Ⓒは明記していません。

目次

はじめに

うんざり・もやもやが止まらない……

仕事をしていて、いろいろな気持ちになることがあるかと思います。この中に思い当たる単語はありますか？

もやもやする。イライラばっかり。意味不明。改善って何？ 同じところをぐるぐる回り続けていて前に進んでいない感。現状へのダメ出しばっかり。迷路のよう。徒労感。無駄ばっかり。解決しろって言うだけかよ。閉塞感。どうすりゃいいのさ。

……などなど。一言でいうと

「うんざりワールド」

の住人になってるような感じでしょうか。私が現場にて若手の方々からよく聞くのは「意味不明」という言葉です。なんでこんな意味のわからない無駄な仕事をしないといけないの？　というわけです。

こうした問題を放置しておくわけにもいきません。そこで、昨今ではＩＴを活用して何とか業務改善や事業変革を実現しようという取り組みもあちこちで行われています。しかしこちらもみんながみんな薔薇色の素敵な結果を得られているかというとそうではなく、いささか残念な状況に陥ってしまっているケースも多く見受けられます。

ではいったい、どうしてこのような状況にはまり込んでしまっているのでしょう。そこで本書のテーマである「ビジネスデザイン」の話になります。

原因は「ビジネスデザイン」の不備

ビジネスデザインとは何でしょうか。「ビジネス」という言葉には商売や事業などいろいろな意味がありますが、ここでは引っ括《くる》めて「仕事」としておきます。そしてデザインは「設計」と訳すことができます。つまりビジネスデザインとは「仕事を設計する」ことです。具体的には、

○**だれが**（＝たいていは「私たち」）
○**だれに**（＝顧客の定義）
○**何を**（＝提供する価値の定義）
○**どのように**（＝提供するために行う仕事《プロセス》）

提供するかを明確にすることです。

これだけなら何も難しくないし、「そんなわかりきったことはとっくにやってるよ」と思われるかもしれません。実はこれに加えて「2つのなぜ」が明確になっている必要があります。ひとつは

○なぜ、顧客はそれを提供して欲しいのか（＝顧客ニーズ）

です。もうひとつは

○なぜ、私たちはそれを提供するのか（＝ビジョン）

です。そしてこの「ビジョン」こそがとても大切なのですが、ビジョンをしっかりと組み立ててある企業や組織は意外なほどに少数なのです。

真の原因は「ビジョン」の不在

ではビジョンとは何でしょうか。詳細は本文にてあらためて説明しますが、要するに「展望」「未来図」です。そして実は「本当の意味での」モチベーション（動機づけ要因）です。

モチベーションという言葉は、1990年代後半からゼロ年代にかけて、本来の「動機づけ要因」ではなく単なる「やる気」を意味するようになってしまいました。ですから「モチベーションを与える」という言葉は本来「やる気になるような動機づけ要因を与える」という意味だったのですが、いつしか「やる気を与える」にすり替わってしまい、気がつけば「モチベーションを上げる」などという表現が定着してしまいました。その結果、何に動機づけされて仕事をするのか、ということをしっかりと定義する行為が失われていきました。では、そんなモチベーションあるいはビジョンが不備・不在だと、どうして「うんざりワールド」になってしまうのでしょう。

おそらく結構な数の会社が、社是・社訓的なものなどを含めて「我が社にはしっかりしたビジョンがある」と仰《おっしゃ》られることでしょう。たいていは社是や社訓には「世界一になる」「社会に貢献する」といった言葉が含まれていたりします。こういう言葉自体が悪いわけではありません。問題はそのビジョンを見た人、特に実際に仕事をしている人はいったいそれをどのように受け止めているのかということです。

- もっともらしいこと言ってるけど、ぶっちゃけ嘘でしょ
- SO WHAT？（だから何？　で？）
- 本気じゃないくせに

のような感想を持っている人が大半のようです。また経営陣が皆、すらすらと暗唱してその心をとくとくと語るかというと、残念なことに、そういう方はほとんど見ません（もち

ろん中には本当にすごい方もいらっしゃいますが)。

つまり、**ビジョンはあることになっているけど、機能していないという点においてビジョンが不在**なのです。そして先ほど述べたように、ビジョンとは「展望」「未来図」です。つまり自分たちは何を目指しているのかという未来を指し示すものです。それが空疎《くうそ》である・不在であるというのはつまり、未来が見えないということです。未来が見えないと、人間は不安になります。そして不安は人を臆病にさせ、臆病《おくびょう》は行動を躊躇《ちゅうちょ》させます。つまり成果が出づらい状態におちいっていくのです。

しかし、何かをしないと仕事をしたことになりません。ですから不安にならないこと、安心してやれそうなことに結果として目が向きがちになります。わかりやすいことに飛びつきやすくなってしまうのです。つまりそれがここでの「問題を解決する」という行為です。しかし「では、そもそも問題とは何か」というと、理想(あるべき姿・ToBe)と現実(AsIs)の差《ギャップ》を引き起こしている原因こそが本当に取り組むべき問題なのです。ですから問題を設定するには理想が必要になります。では理想は何から導き出されるかというと、ビジョンです。しかし、ビジョンが不在だとどうなるでしょうか。理想がない、つまり現実の現象の困りごとだけを問題視して、その解決に躍起《やっき》になるのです。こうしてその場しのぎで場当たり的な問題反応型の行動様式が定着していくのです。

これが工場のようにそもそも「こういうものを作るのだ」ということが明確な上で工程設計された仕事であれば、理想は「何を何分で何個作ること」のように定義できます。そこに至らないとギャップが目に見えるので、原因を究明して改善しましょうということになります。しかし「契約書の内容を確認する」や「取引先からの問い合わせメールに返信する」などだとどうでしょうか？「なる早で」「とりあえず急いで」「手の空いているときでいいから」のようにふんわりしていることが実は相当量あります。理想が不在なのです。

そのような状況で「残業時間を減らせ！」と発破《はっぱ》をかけても、「問題（ということにされている現象）を解決するために何かを行った」という実績をつくるために、さほど有効性の見られない作業が追加されたりします。つまり「仕事が増える」のです。ですからむしろ事態は悪化します。そして重要なことですが

問題は決してなくならない

のです。「重要度が一番の問題を解決すると二番目の問題が一番目に繰り上がる」とはワインバーグ[注1]の言葉ですが、ひたすら問題解決という名のもぐらたたきを繰り返して疲弊《ひへい》していくことになります。その結果、どんどんダメ出しする対象を探し出そうとして、現状ばかり見ることにとらわれて近視眼におちいり、堂々巡りによる閉塞《へいそく》感に包まれていき、ついには諦めと無気力・無関心、そして無責任な空気の醸成・定着へと一気に転がり落ちて、そのままネガティブスパイラルが強化されていきます。

「未来が見えなくて不安である」

注1　ジェラルド・ワインバーグ『コンサルタントの秘密——技術アドバイスの人間学』（共立出版、1990年）より

たったこれだけのことです。しかし、その「たったこれだけのこと」が「うんざりワールド」を作り上げ、強固な帝国のようにしてしまうのです。

ビジョンに基づくビジネスデザインの重要性

ではこの状況を打破するにはどうすればいいのでしょうか。すでに述べたようにビジョンをしっかりと作れば良いのです。しかし、単にビジョンを作るだけではいけません。それではまた同じことを繰り返すだけです。大切なのは「ビジネスデザインの一部として、きちんと他のパーツと整合性が取れた状態のビジョンである」ことです。言い換えると「ビジネスデザインとは、ビジョンを起点にして各パーツの論理的な一貫性を考えること」になります。

「もっと創造型人材が欲しい」などという要望をあちこちで耳にします。ビジョンに基づいたビジネスデザインをするというのは、そのような未来創造型への転換を実現することとイコールです。先ほども述べたとおり、問題が皆無になるなどということは決してありません。むしろビジョンを明確にするということは、理想が鮮明になりギャップが際立つようになるのですから、取り組むべき問題は増えることでしょう。しかし、間違いなく問題への向き合い方が変わっていきます。なぜ、その問題を解決すべきなのか。その理由が明快だからです。もっと言うと、困りごとがあったとしても「これは無理やり解決しなくてもいいのではないか」という判断を下すことも増えるでしょう。その問題を解決することがビジョンに近づくことにつながるのかどうか。もしつながらないのであればその問題を相手にする必要がなくなります。このような判断をして、自分たちは何をすべきなのかを自発的に考えるようになります。

本書では、ビジョンを起点としたビジネスデザインの方法について説明します。また、今どきはＩＴの活用が当たり前の時代です。ですからＩＴありきのビジネスデザインをお伝えします。具体的には18ページの図のように、「ビジョン設計」「プロセス設計」「ＩＴ要件定義」という手順で進めていきます。なお、各章では冒頭で、それぞれの章で説明する内容、行うべき作業の流れを描いた地図《ロードマップ》を入れています。

では、心の準備のできた方から「わくわくワールド」へのエクソダス[注2]の旅に一緒に出発しましょう。

なお、本書の一部は拙著『はじめよう！要件定義』（技術評論社、2015年）『はじめよう！プロセス設計』（技術評論社、2016年）と説明が重なる部分があります。もしすでにそれらをお読みいただいた方であっても本書であらためてご納得いただけるように整理してあります。あらかじめご了承ください。

注2　集団脱出。旧約聖書における「出エジプト」

ビジネスデザインの攻略地図

第1章

まずはビジョンを描こう！

ビジョン設計の攻略地図

ビジョンとは

昨今では「ビジョン」という言葉は経営用語としてあちこちで使われていますが、そもそもは**vis**「見る」と**ion**「こと、もの」が語源で「見えること」になります。そこから転じて「視野」「先見」を指すようになり、そして「理想像」「未来像」「展望」などという意味で経営用語として定着しています。ですからビジョンというのは、音や言葉というよりももっと視覚的なもの・映像的なものといえるでしょう。つまり「イメージ（心象・印象・形象など）」だとか「想像（イマジネーション）」と捉えるほうが理解しやすいと思います。

ジョン・レノンの『イマジン』という有名な曲があります。「想像してごらん」という歌詞からはじまります。これにならって、たとえば「コーヒーについて想像してみてください」と言われたらいかがでしょうか。喫茶店に座っている様子を思い浮かべるかもしれません。コーヒーカップに入って湯気を立てているコーヒーにミルクを注ぐ様子かもしれません。何らかの情景を映像として脳裏に思い浮かべるのではないでしょうか。この

「脳裏に浮かんだ情景」こそがビジョン

です。ですから、ビジョン自体には良いも悪いもありません。たとえば、コーヒーを想像するとして、コーヒーが好きな人と苦手な人とでは、仮に同じイメージを思い浮かべても感じ方は異なります。この後も何度も「ビジョンが大切」ということを繰り返しますが、ビジョンそのものは単なるイメージでしかないということは、理解しておく必要があります。

さて、「今、一番欲しいものが手に入ったと、想像してみてください」と言われたらどうでしょう。ぜひ試してほしいのですが、欲しいものが手に入ったあとの「未来」を想像するのではないでしょうか。たとえば、服が欲しいと思った方はその服を着て出かける自

分を想像するのではないでしょうか。ネコを飼いたいと思った方は、ネコが家にいて癒《いや》される日々を思い浮かべるかもしれません。きっと服の色やデザイン、ネコの種類や毛並みなど、細かいことまでイメージしたくなるのではないでしょうか。そしてその先を、その未来を想像したときの自分自身の気持ちはどのようになっているでしょうか。ウキウキしたり、ワクワクしたり、きっとポジティブな気持ちになると思います。そして、「よし、服を買うために頑張ろう！」とか「ネコをいつでも飼えるように部屋を掃除しよう！」などとすら思うかもしれません。

では、「来週、会社が潰《つぶ》れて職を失い、お金が入ってこず一向に転職先が決まらない状況を想像してください」と言われたらどうでしょう。ちょっと想像しただけでため息が出そうになる人もいることでしょう。先ほどとは打って変わって、詳細まで考える気持ちになれないかもしれません。ネガティブでうんざりした気分になって、先ほどまでやろうとしていたことをやる気持ちもしぼんでしまい、何も手につかない状態にすらなってしまうかもしれません。

さて、ここで重要なのは、どちらも「現実には起こっていない」ということです。つまり

単なる想像でしかない

のです。単なる想像でしかないのに、しかしそれが心に及ぼす影響は思いのほか大きいということを感じていただけるのではないかと思います。

実は人間というのはややこしくて、やる気があるから行動をするのではなく、行動をすることによって側坐核《そくざかく》[注1]がある程度以上の刺激を受けて活動して、やる気成分を出してくれるのだそうです。ですからやる気を出すには、やる気がなくても行動するしかなく、小さな簡単なことでいいのでとにかくやる必要があります。一方で、行動するのを止めるのは非常に簡単です。ネガティブなストレスを与えればいいのです。ストレスが不安を招き、不安は行動を躊躇《ちゅうちょ》させます。何もしなければ当然、何も起こりません。何も起こらなければ、

注1　前脳に位置する部位。

良いことも起こりません。それはさらにストレスを重ねることになり不安を強化します。

つまり、ビジョン自体は単なる想像でしかないのですが、その想像が人の心に及ぼす影響は決して無視できず、心への影響は行動に反映されていくということも無視してはならないのです。

それは本当にビジョンだろうか

さて、先ほどの例をもう一度振り返ってみます。実は次のような構造になっていることに気づきます。

○「服を手に入れた」と想像する
↓「その服を着ている未来の自分」を想像する
↓ウキウキした気持ちになる

○「ネコを飼った」と想像する
↓「そのネコと毎日を過ごしている未来の自分」を想像する
↓ほっこりした気持ちになる

○「仕事と収入を失った」と想像する
↓「困窮している未来の自分」を想像する
↓ネガティブな気持ちになる

つまり、想像前と想像後で気持ちの状態が変化するのですが、その気持ちの変化を起こす鍵は何かというと、想像する対象そのものではありません。そうではなく、「その結果起こるかもしれない未来の様子」であることが見て取れます。「服」そのものにウキウキするのではなく、「服を着ている未来の自分」にウキウキするのであり、「ネコ」そのものにほっこりするのではなく「ネコと過ごす未来の自分」にほっこりするのです。「仕事と収入」そのものにネガティブになるのではなく、それを失ってどうしようもなくなっている「未来の自分」にネガティブになるのです。

この構造に、先ほど見た社是・社訓によくある「世界一になる！」「社会に貢献する」を当てはめてみるとどうでしょうか。

○「我が社が世界一になった」と想像する
　↓「その会社で働いている未来の自分」を想像する
　　↓○○○な気持ちになる

○「我が社が社会に貢献している」と想像する
　↓「その会社で働いている未来の自分」を想像する
　　↓○○○な気持ちになる

のような構造です。この「○○○な気持ちになる」の「○○○」に何が入るでしょうか。かつての高度経済成長時代であれば、「我が社が世界一になった」として、「その会社で働いている未来の自分」を想像すると「給料が増える」「家族にもいい暮らしをさせてあげられる」「趣味にもっとお金を使える」……と良いことを連鎖的にどんどん想像して、「いいじゃないか。我が社が世界一！　ぜひそうなりたい」と感じたことでしょう。

しかし「我が社が世界一になった」として「その会社で働いている未来の自分」を想像したときに、「でも給料変わんないんでしょ」「っていうか、むしろサービス残業増えるだけちゃうの」「下手したらグローバルで戦うためにもっとコストダウンとか言われてリストラの対象にされてるのもかなわん」……と、どんどんネガティブな想像が連鎖していくこともあり得ます。そうなってしまうと、ネガティブな想像にとらわれたくはないので「我が社が世界一？　だから何？」と自分とは関係ないものとして扱うようになります。

KPI[注2]だとか取り組みのキーワードだとかについても同じように指摘することができます。

注2　キー・パフォーマンス・インジケーターの略。重要業績指標。

○「利益率が10％アップした」と想像する

↓「その会社で働いている未来の自分」を想像する

↓○○○な気持ちになる

○「デジタルトランスフォーメーションを実現した」と想像する

↓「その会社で働いている未来の自分」を想像する

↓○○○な気持ちになる

それぞれ「○○○」に何が入るでしょうか。「関係ない」「どうでもいい」になりかねないというケースも多いのではないでしょうか。額縁に入れて飾っていたり、事業計画書に掲げて対外的に発表したりしていても、実際に働く人を「あ〜はいはい」「賢そうなこと言うてますなぁ」「あ〜すごいすごい」とシラけた気分にさせてしまうようでは、むしろ逆効果なのです。

ビジョンを設計する

ビジョンが仕事をする人の心に影響を与えるのだということを踏まえて、ではどうすればきちんと効果を発揮するビジョンをつくることができるのでしょうか。ポイントは、先ほどの「想像は連鎖する」ということを踏まえて、「ポジティブな連鎖と納得感」をつくることです。そして「納得感」とはロジカル（論理的）ということです。ここでいうロジカルとは善悪として正しいという意味ではなくて、

前後のつじつまが合っている

ということです。

ではビジョンを設計する手順はどのようにすれば良いのでしょうか。この手順は大企業

レベルであっても部門レベルでも、もちろん個人レベルでもまったく同じです。想像をするのは人だからです。具体的には次のようになります。

①今、実現したいことを列挙する
②①で列挙したそれぞれに「それが実現したら、どんな素敵なことが起こるか」をさらに列挙する
③②を繰り返していく

進めるにあたっては、付箋《ふせん》紙などを使って1枚につきひとつ書き出して、机の上に広げた模造紙やホワイトボードなどに貼り出していくと、見通しが良くなります。

たとえばこのような感じで行います。まず、①の「今、実現したいことを列挙」します。

- ＡＩを導入したい
- 利益率を改善したい
- 残業時間を削減したい

などなど、実現可能性は気にせずに、何でも書き出して構いません。部門レベルだと

- 請求書発行にかかる時間を半分にしたい
- 気兼ねせずに有給休暇を取れるようにしたい
- リードタイムを短縮したい

などのようになるでしょうか。個人レベルだと

- ネコを飼いたい
- 英語がペラペラになりたい

●エーゲ海旅行に行きたい

などのような感じです。ここで挙げる項目は実現可能性は問いませんので、たとえば「火星旅行に行きたい」とか「シロクマを飼いたい」などでも構いません。「大金持ちになりたい」でももちろんOKです。

ここで少しだけ手順の話からずれます。従来の問題反応型のパラダイムだと、すぐに「では具体的には」と詳細を考えようとしがちです。たとえば、「ネコを飼いたい」というと「具体的にどんなネコですか?」、残業時間を削減したいというと「具体的には、現状は何時間くらいですか？　それを何時間に減らしたいですか?」となりがちです。そしてすぐに「ソリューション（解決策）」を作り上げようとします。

ですがここではいったんそれを脇に置きます。なぜでしょうか。実はすぐにソリューションに飛びつくと、それを実際に実現したら

こんなはずじゃなかった

という顛末《てんまつ》におちいりがちだからなのです。たとえば「収入を増やしたい」と思っているとします。そこで「じゃあ副業をしましょう」「休日にやれそうな儲かる副業はこれこれで……」とソリューションに走って、実際に収入が増えたとします。ところが実はこの人が本当に実現したかった「未来の自分」は「今よりもっと趣味に没頭できるようになりたい」だったとしたらどうでしょうか。そのために「もっと収入があれば自由が増えるのに」と思っていたのだとしたら。しかしその「収入を増やす」ということだけに近視眼的になって、休日を返上して毎日朝から晩までみっちりと働くようになって、趣味にかける時間が割けなくなったとしたらどうでしょうか。収入が増えてもきっと納得感は得られないでしょう。

実は、大なり小なり**「今、実現したいこと」というのは、その人なりに心の奥底で組み立てられたソリューションだったりする**のです。つまり本当に実現したいビジョンは別にあって、それをその人の知識と経験に基づいてどうしたら実現できるかということを、言葉にならないような心の深いところでものすごく考え抜いて、それが言葉として現れているのが「今、これを実現したい！」という願望（ウォンツともいう）なのです。

ですから、ここでは一足飛びにソリューションに飛びつくのではなく、今実現したいと思っている願望の奥にある、本当に自分が実現したいと思っている「未来の自分」を明確にするという作業を行っていきます。

以上を踏まえて、①の「今、実現したいことを列挙」したら、次の②に進みます。①のそれぞれに「それが実現したら、どんな素敵なことが起こるか」を列挙していきます。たとえば、

○ＡＩを導入したい

↓それが実現したら、どんな素敵なことが起こるかというと……

……担当者ごとに判断のブレがあったのが一定になる

……判断の作業時間を短縮できる

……担当者を他の仕事に割り当てられる

……ベテラン以外の人を担当にすることができる

などと書き出していきます。これも、それぞれ付箋《ふせん》紙に書き出すようにするとよいでしょう。この例のようにひとつのことから複数の素敵なことが出てきて構いません。

そして引き続き③に進みます。「②を繰り返す」のです。つまり

○AIを導入したい

↓それが実現したら、どんな素敵なことが起こるかというと……

……担当者ごとに判断のブレがあったのが一定になる

↓それが実現したら、どんな素敵なことが起こるかというと……

……判断結果のチェックが簡単に済むようになる

↓それが実現したら、どんな素敵なことが起こるかというと……

……安心して他人に任せられるようになる

↓それが実現したら、どんな素敵なことが起こるかというと……

…………

……他の担当者を安心してアサイン（割り当て）できる

↓それが実現したら、どんな素敵なことが起こるかというと……

……勤務シフトの組み立てが楽になる

↓それが実現したら、どんな素敵なことが起こるかというと……

…………

……判断の作業時間を短縮できる

↓それが実現したら、どんな素敵なことが起こるかというと……
……早上がり勤務しかできない人にも任せられるようになる
↓それが実現したら、どんな素敵なことが起こるかというと……
…………
……担当者を他の仕事に割り当てられる
↓それが実現したら、どんな素敵なことが起こるかというと……
…………
……ベテラン以外の人を担当にすることができる
↓それが実現したら、どんな素敵なことが起こるかというと……
…………

このように、どんどん広がっていきます。際限なく広がって収集がつかなくなるのではないかと思われるかもしれませんが、心配しなくても大丈夫です。というのは、これは経験則で恐縮なのですが、根っことなる本当に実現したいことというのはたいてい3〜5個程度です。多い人でも7つ程度に収まります。そこに向かって途中から収斂《しゅうれん》されていきます。この例の場合でも、もともとはＡＩの話からはじまっていますが、実際には勤務のローテーションや人の割り当ての話になっていきます。

そしてある程度まで収斂されると、「それが実現したら、どんな素敵なことが起こるかというと……」という問いに対して出てくるのが「自分が嬉しくなる」「ほっとする」「幸せな気持ちになれる」のような、ハッピーエンド感の漂うところにまとまります。これをさらに「それが実現したら、どんな素敵なことが起こるかというと……」とすると、たいていはいわゆるループ状態に入っていきます。

つまり、**このハッピーエンドのひとつ手前のところが「本当に実現したいこと」**なのです。それが実現すると、自分としては大満足なのです。このＡＩの例でいくと、ローテーションや人の割り当てがやりやすくなることで、それらを考えるのが楽になり、そしてこの件についてのストレスがなくなって、めでたしめでたしのハッピーエンドになれる。そういう「気軽に担当者の割り振りができるようになっている」という未来の自分になりたいのです。

ですからこれをひっくり返すと、実は次のような深層心理での思考が行われていたのではないかと考えられるのです。

○気軽に担当者の割り振りができるようになりたい
↓しかし、判断するのが難しい作業がある
↓だから、経験豊富なベテランに頼らざるを得ない
↓しかし、そうすると他の人にいつまでも任せられないし
……ベテランも他の仕事を習得できない
……そもそも休みを取らせてあげることもできないし

……というか、ベテランが病気になったりしたらどうするの？

↓この判断の仕事をどうにか楽にできないか……

⇐

そうだ！　ＡＩを使ったらいいんじゃないか？

↓「ＡＩを導入したい！」

つまり「ＡＩを導入したい」という一番最初に出てきた「今、実現したいこと」は本当は別にＡＩでなくても何でもいいのです。ＡＩを導入するというのは、この人なりのソリューションでしかないということになります。

ですから、もし仮にＡＩを導入したとして、その結果ＡＩの扱いが難しいのでより専門的な能力を持っている人を追加で増やさなければならなくなった。しかもその人の代替は非常に難しい、となると「こんなはずじゃなかった」ということになってしまうのです。

というわけで、まず本当に自分たちが実現したい未来はどういうものなのか。この例ですと「誰もが簡単に判断業務を担当できるようになる」、それを明確にするのが、ビジョンを設計するということになるのです。

コラム

はじめは実現可能性を気にせず書き出してみよう

先ほど実現したいことを列挙する際は「実現可能性は気にせず」書き出して構わないと言いました。実は突拍子もないこと、たとえば「火星旅行に行きたい」と書いたとしても、それが実現するとどんな素敵なことが起こるかを掘り下げると、意外と地に足がついたところに落ち着いていきます。たとえば「自分の価値観が変わる」→「今とは違う発想ができるようになる」などのように具体的な内容になることがほとんどです。ですから実現可能性は気にせずに思いつくことをどんどん書き出してみてください。

また、ＡＩの例のように、最初はＡＩの話だったはずが実は人の配置の話だったというようなケースはごく普通に起こっています。営業の話をしているはずが実は在庫のことだった、といったケースもあります。これらは何ら間違いでも不思議なことでもありません。

そもそものごとはいろいろと絡まりあって連鎖しています。そのあたりは次の「プロセスとは」という話の中で感じてもらえることと思いますが、「ずれちゃいけないのではないか」などと考える必要はありません。素直に思ったことを書き出してみてください。

どうしてビジョン設計が必要なのか

①
叶ってほしい！
と願っていることが……
②
実は心の奥底で
望んでいることと
ずれていたりする。
③
すると実際に叶っても
「こんなはずじゃなかった」
となってしまう。
??

④

そこで叶ってほしいことを
いきなり詳細に落とし込むのではなく
まずは
「それが実現すると
どんな素敵なことが起こるのか」
を考えて本当の望みを発見する。

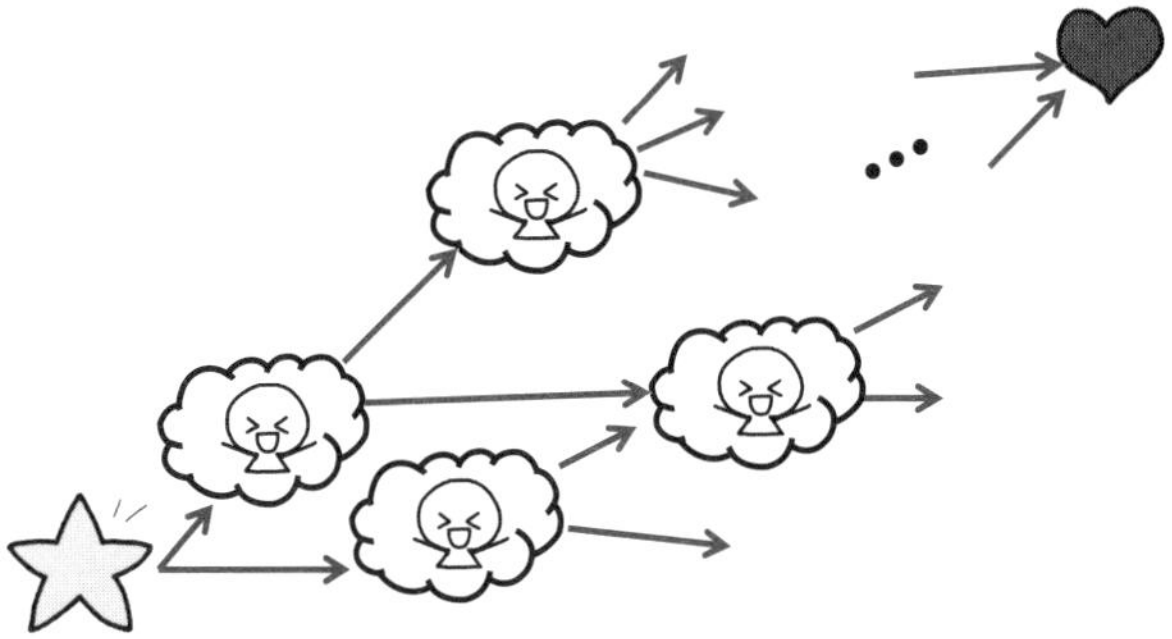

⑤

そして、発見した本当の望みを
真のビジョンとして、
それを実現するために
やる必要があることを
逆算して考えていく。

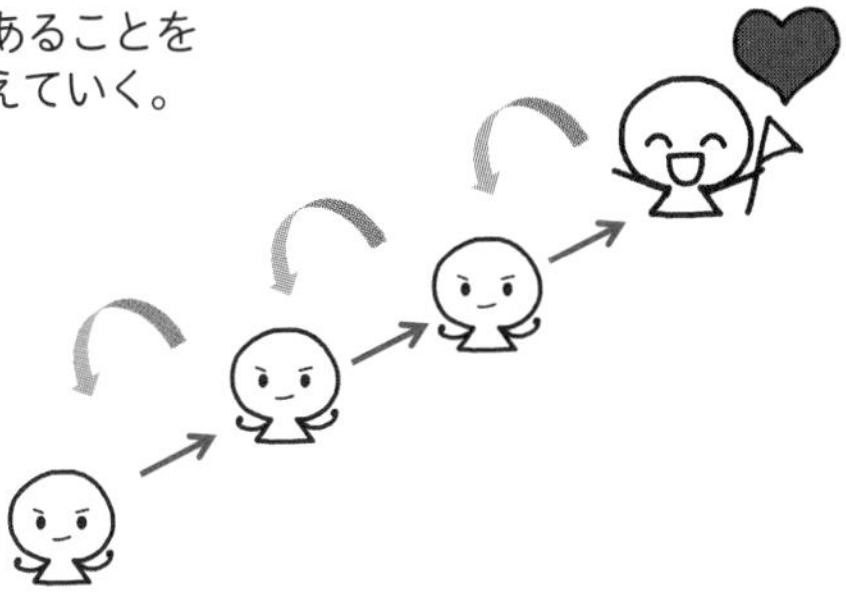

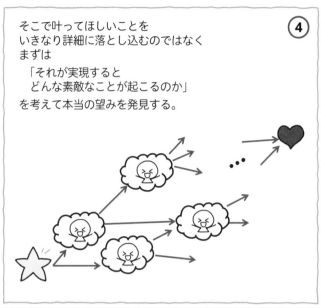

本当にやるべきことを明確にする

こうして本当に実現したいビジョンが明確になったとしても、それだけだと単に想像が明晰になっただけであって現実には何も起こらないし変わることはありません。何かを起こす・変えるには、そうなるために必要なことを知らなければなりません。当然ながらやみくもに思いつきをただ実行したとして、それが目指すビジョンにつながるというのは偶然の奇跡を期待するようなものです。ここもやはりロジカルに何をやるべきかということを考える必要があります。手順は次のとおりです。

①実現したいビジョンを列挙する

②①のそれぞれに「それを実現するために、何をする必要があるか」をさらに列挙する

③②を繰り返していく

まず①の手順で、たとえば先ほどの「誰もが簡単に判断業務を担当できるようになる」ということをビジョンとして書き出すとします。もちろん複数のビジョンがあっても構いません。そして、それぞれに対して②、つまり「それを実現するために、何をする必要があるか」を列挙します。このような感じになります。

○誰もが簡単に判断業務を担当できるようになる
……それを実現するために、何をする必要があるか
↓判断業務をもっと簡単にする
↓人材育成を行う

そして、これをさらに③つまり繰り返して精緻化《せいちか》していきます。

○誰もが簡単に判断業務を担当できるようになる
……それを実現するために、何をする必要があるか

↓判断業務をもっと簡単にする
……それを実現するために、何をする必要があるか
↓作業の標準化をする
……それを実現するために、何をする必要があるか
↓今行っている作業の棚卸しをする
……それを実現するために、何をする必要があるか
↓
…………

↓人材育成を行う
……それを実現するために、何をする必要があるか
↓研修用の教材を用意する
……それを実現するために、何をする必要があるか
↓講師を用意する
……それを実現するために、何をする必要があるか

↓ベテランに講師をしてもらうために、時間を空けられるようにする
……それを実現するために、何をする必要があるか
↓ベテラン以外の人でも作業ができるようにする
……それを実現するために、何をする必要があるか
↓作業の標準化を行う
……それを実現するために、何をする必要があるか
↓
……………

といった具合です。

ＡＩ導入の例についてここまでをまとめると、

- ＡＩを導入したい・すべきだと考えていた
- その理由は、

「誰もが簡単に判断業務を担当できるようになる」
というビジョンを実現するためである
- しかし、そのビジョンの実現のために本当に必要なのは
「業務の標準化」
であった

ということになります。繰り返しになりますが、ここで頑張ってってＡＩを導入してもその結果が属人化の強化につながって、「誰もが簡単に判断業務を担当できるようになる」というビジョンとは真逆のほうに事態が進んでしまったら、それは悲しいことです。そしておそらくはＡＩ導入に際して、「そもそも、何でＡＩ導入する必要があるんだ！」といったツッコミが入って、取り組み自体が迷走する可能性が非常に高いと思われます。

このように、自分たちのビジョンを考え抜いて設計することで、結果として「それが実現したら、こんな素敵な未来の自分になれそうだ」という想像の連鎖を引き起こせるよう

になれば、ポジティブな気分を引き起こしてわくわくしてくることでしょう。わくわくすれば身体を動かしたくなります。わくわくした気分で何かをすればやる気が出てきます。こうして、ビジョンがやる気を湧き出させるための動機づけ要因、すなわちになるのです。

本当の意味でのモチベーション

ともあれ、これでビジョンおよびその実現に向けての行動方針が定まりました。では、これを具現化していけばビジネスデザインがバッチリできあがるのか、「うんざりワールド」からの大脱出ができるのか、というと残念ながらまだ少し足りません。

個人レベルで、たとえば「海外でバリバリ仕事をしたい」というビジョンを掲げて、そのために「英会話を習得する」ということをまず行動方針として設定したとします。「海外でバリバリ仕事をしたい」が実現すると「どんな素敵なことが起こる？」ということは掘り下げてみたほうが良いのですが、そうした掘り下げをした上でのビジョンなのだとここでは想定します。この場合は個人なので、そのまま突っ走っても何ら差し支えありません。心のわくわくの駆り立てるままにどんどんチャレンジすれば良いのです。

しかしこれが個人であっても仕事に関することの場合は不十分です。ましてや部門や企業などの組織レベルになってくると、決定的なものが不足しています。それは「ビジョンを目指して必要なことをやっている私たちを必要としてくれる人は存在するのか？」という疑念に対する明確な回答です。言い換えると「顧客設定と、応えるべき顧客ニーズの明確化」が必要ということになります。

コラム

組織のビジョンはここで働く意義の旗印

先ほど述べたとおり、ビジョンというのは個人であっても企業であっても同じです。ただ一点大きく異なるのは、組織のビジョンとは、つまるところその組織のリーダーのビジョンであり、所属するメンバー全員がまったく同じビジョンを共有するということはあり得ないということです。

そもそも「なぜ仕事をするのか」と問われたら、大半の方は「給料をもらうため」と答えることでしょう。ではなぜ給料が必要なのかというと、収入がないと生きていけないからであり、収入を得るために働くという連鎖の結果として仕事をしているわけです。別にそれが悪いわけではありません。むしろそのほうが自然とすら言ってもいいでしょう。

ただ、それだけに組織の立場としていくら素晴らしいビジョンを掲げていても、それが自分の給料に良い影響を与えるものでなければ、何ら好影響を与えることはありません。身もふたもない話ではありますが、そのビジョンにのるかそるかというのは実益とどうしても不可分なのです。

とはいえ、では給料さえもらえれば何の文句もなく粛々と働くのかというと決してそんなことはありません。人間は心のないロボットではありません。給料のためとはいえ、やはり働く以上は報われたいという気持ちはあります。ですから当然ながら働く意義や目的が欲しいのです。

そしてその意義や目的は、個々人の価値観に根ざしたものと一致しなければ受け入れられません。ですから、ビジョンを策定したら全員の気持ちが一糸乱れずぴしっと揃うなどという幻想は決して抱かず、しかし多様な価値観を持つもの同士の集まりだけど、この未来図を実現したいのだという点においては共通しているのだという、いわば旗印としてビジョンを掲げるのだということ、そしてそれはそれとして実益としての給料などの対価の仕組みはまた別に（しかしビジョンときちんと連鎖する制度で）設計するべきものなのだということは銘記しておくべきです。

顧客はなぜわたしたちの「顧客」になるのか

ビジョンを目指してみんなで頑張って必要なことをやっていく。たとえば「我が社は世界一になる！」というビジョンを掲げて、それにみんなが納得して乗るのであれば、それで良いのです。しかし、仕事というのは相手があってのもの。誰かが必要としてくれるから、それに応えるために仕事をするのです。需要があるから、供給するための仕事が存在できる。では需要はどこからやってくるのでしょうか。そうです。顧客がいなければ仕事は存在し得ないのです。

ここでひとつ悩ましい問題が生まれます。問題とは理想と現実のギャップです。自分たちの理想としてのビジョンを掲げその実現のために必要なことをしっかりとやる。でも現実には、誰も自分たちを必要としていなかった、需要が存在しなかった、つまり顧客がゼロだったとしたらどうなるでしょうか。当然ながら、売上はゼロであり収入がないのですから給料も払えません。材料などを仕入れても代金を支払うこともできませんし、家賃光熱費なども払えません。早々に潰《つぶ》れることになります。つまり、自分たちのビジョンはそれはそれとして大切なのですが、もうひとつ「顧客ニーズに対応する」ことを考えて、ビジョンと組み合わせて矛盾なく成立するようにしなければいけないのです。顧客ニーズを考えるというのは、言い換えると

自分たちが生活する社会における、自分たちの存在意義を明確にする

ということなのです。

さて、顧客ニーズを考えるのが大切だとして、ではそもそも「顧客」とは何なのでしょうか。そして、どうして顧客は自分たちの顧客になってくれるのでしょうか。

まず、人が誰かの顧客になるには、次の条件を満たす必要があります。

- **困りごと・悩みごとがある**
- **その困りごと・悩みごとをどうしても解決しなければならない必要に迫られている**
- **しかし自力では解決できない**

この条件をすべて満たしたとき、**人は対価を支払って誰かの顧客になることで問題を解決しようとします。**そしてこのとき、自分たちのことを頼れそうだと判断してもらえれば、自分たちの顧客になってもらえるのです。ですから顧客というのは思った以上に広い範囲になります。端的にいえば

必要としてくれる人が顧客

なのですから、自分を必要としてくれる上司や同僚、他の部門なども立派な顧客だといえます。トヨタ式では「後工程はお客様」という考え方もあるそうです。顧客の需要に応える、言い換えると

顧客の困りごと・悩みごとの解決に貢献するのが
我々の役割《ミッション》であり、仕事《ビジネス》である

ということになるのです。そこで顧客に必要とされる存在になるために、次のことを明確にする必要があります。

- **私たちは顧客のどんな問題を解決するのか？**
- **顧客は問題が解決されたらどのようになるのか？**
- **顧客の問題を私たちはどのように解決するのか？**
- **このような問題解決は、私たちのビジョンとどうつながるのか？**

ただ、これは提供側・供給側の私たちの見方です。角度を変えて見れば、顧客にだってビジョンがあります。たいていは無意識的ですが「こうなりたいなぁ。なれたらいいなぁ」という気持ちがあって、そのために「ここの顧客になれば、そんな未来が手に入るかも」という「期待」を持つようになり、だからこそ顧客になってくれるのです。たとえば、「ネコに毎日癒《いや》される暮らしを実現したい」というビジョン（未来図）があったとして、ある人はペットショップの顧客になり、またある人は保護猫の譲渡会の顧客になるのです。

そのような顧客の側のニーズについて考えるうえで、まず考える必要があるのは、

顧客は私たちを利用することで、どんなビジョンを実現したいのだろうか？

ということです。これはさらに言い換えるなら

顧客からすると、私たちは何を実現してくれる存在だと思われているのか？

ということになります。この見られ方こそが社会における自分たちの立ち位置《ポジショニング》であり、その見られ方が自分たちの目指すビジョンと一致していればいいですし、もし異なるようであれば不本意なことも起こりうると言えるでしょう。

顧客のビジョンは、先ほどの自分たちのビジョンを設計したときと同じ手順で確認できます。

①「顧客は私たちを利用する」と書いたものを用意する
②次に「それが実現したら、【顧客にとって】どんな素敵なことが起こるか」をさらに列挙する
③②を繰り返していく

という手順になります。ポイントは自分たちのビジョンを考えたときは当然ながら自分たち起点ではじめたわけですが、今回は顧客起点ではじめるということと、特に②の問いかけにおいて【顧客にとって】という観点を決して見失わないようにすることです。これを行うことで、本当に顧客が求めている、つまり顧客が実現したい顧客自身のビジョンが見えてきます。

そして顧客のビジョンが見えてきたら、それを実現するために自分たちが本当にやる必要があることを掘り下げていきます。これも先ほどの行動方針を掘り下げる手順が使えます。

①実現したい【顧客にとっての】ビジョンを列挙する
②①のそれぞれに「それを実現するために、【私たちは】何をする必要があるか」をさらに列挙する
③②を繰り返していく

これを行うことで、自分たちが本当に顧客に提供すべきものは何かが見えてきます。そして、それを実現することと、先ほどの自分たちのビジョンを実現するためにやる必要があることがどのように絡んでいくのかを考えるのです。そうすることで、顧客に対して自分たちが果たすべき役割《ミッション》が見えてきます。あるいは提供価値《バリュープロポジション》と言い換えても良いでしょう。テンプレート化すると、次のようになるでしょう。

私たちはやる必要があることを行うことによって顧客が顧客のビジョンになることを支援します。

そしてこれをさらに「具体的には、何を提供するのか」というところまで落とし込みます。それが、

自分たちが顧客に提供する商品（製品）／サービス

ということになります。つまり商品（製品）／サービスとは、ミッションあるいは提供価値を具現化したものなのです。

　ただし、気をつけるべき点は、顧客本人がこれをやってくれるのであれば確かなものとなるわけですが、顧客を想定して自分たちでやる場合は**あくまでも仮説の立案でしかない**ということです。ですから、もし顧客が同じ社内の他の部署などであれば直接確認をするに越したことはありません。

　たとえばあなたが、経理部に所属していて、各部署に月次資料を提供しているとして、経理の側では気を使っているつもりでせっかくだからと見目麗しい罫線でお化粧したエクセルのファイルを作っているとしましょう。もし各部署の人たちは最後の1行の数値しか見ていないとか、あるいは実はCSVファイルとして使いたいので受け取ったあとでCSV形式で保存し直しているというような場合は、美しい見た目に仕上げるよりも必要な数値だけを渡すか、はじめからCSVファイルを作るほうが、より相手の困りごとの解決に

顧客ニーズと提供価値

①

人は、どうしても解決しなければ
ならない困りごとがあって、
しかも自力で解決できないと……

②

対価を支払って顧客になることで
問題を解決しようとします。

③

そこで私たちは
- 顧客は何に困っているのか
- その原因は何か
- 何がどうなったら顧客は
  問題が解決したと感じるのか

を考えて何を提供すれば対価に
見合ったお役に立てるのかを考
える必要があります。

④

そして、「私たちは何を提供するのか」
という提供価値を定めます。

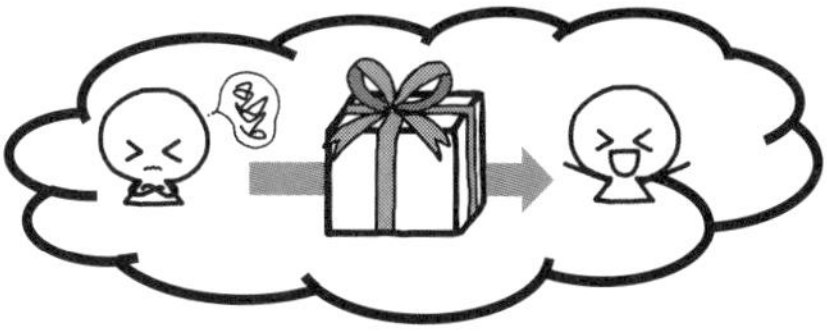

⑤

さらに、それを提供して顧客のお役に
立つことで、ちゃんと自分たちの
ビジョンに近づけるかどうか考えます。

良い結果をもたらすかもしれません。

さらに注意すべき点として、自分たちのビジョンと顧客ニーズ（＝顧客にとってのビジョン）とが噛み合わず、いわゆるコンフリクト（葛藤）の状態になってしまうこともあります。書籍という媒体の都合上、これまでの説明を読むと一直線に手順が流れていくように感じられるかもしれませんが、顧客ニーズを考えた上であらためて自分たちの存在意義を考え直すというスタンスで、もう一度自分たちのビジョンを練り直すことも必要になる点は覚悟しておいてください。特に顧客ニーズを自分たちが仮説として考えている場合は、その仮説が自分たちに都合のいいものになってしまって、顧客の実情とずれていることも往々にしてあります。この話を進めていくとマーケティングの話になっていくので、もし関心がある方はそちらの方面についてもぜひ触れてみることをお勧めします。

ともあれ、ここまでで次のようなパーツが揃いました。

私たちは、ビジョンの実現を目指して仕事をします。
そのビジョンとは　です。
私たちは、顧客に対してこのような価値を提供します。
**　**
これによって、顧客が　に
なることを支援します。
そのために具体的に提供するものが
**　**
です。

ビジネスデザインにおける「2つのなぜ」と「だれが」「だれに」「何を」提供するのかが定まりました。しかしこれだけでは具体的にビジネスを実行するには至りません。そこで次の章は「どのように」の部分を考えていきましょう。具体的には「仕事を設計する」ということについて考えていきます。

コラム

価値観《バリュー》のこと

ここまで「ミッション」と「ビジョン」という言葉が出てきました。ミッションという言葉は通常「使命」と訳されています。ですが日本語で「使命を果たすべき」などというと仰々《ぎょうぎょう》しくなって、そんなたいそうなものは自分たちには関係ないという雰囲気を招くことになりがちです。こういう単語が好きなのは何だかんだいってもマネジメント論や経営論が好きな「オタク」なわけで、「そんなカッコつけた話はどうでもいいんだよ。変革とかもううんざりだ！」という話になるような傷んだ現場もしばしば目にします。そうしたこともあり、いろいろな言葉遣いを試行錯誤した結果私は本書で使っている「役割」という単語で表現するようにしています。

さて、ミッションとビジョンが出てきたらアレはどうしたと思われる方もいらっしゃるかと思います。そうです。「バリュー」です。日本語としては「価値観」あるいは「行動規範」という言葉が使われることが多いように感じます。私は現場では「判断基準」という言葉を使っています。

本来、ビジョンやミッションの話をするに際しては、その基盤・土台としてのバリューの話は不可欠です。どうしてそういう行動をするのか。どうしてそれを目指すのか。どうして、どうして？　という問いに対して、「なぜなら、私たちはこういうバリューを大切にしているからだ」と言い切るために必要だからです。何を善しとして何を悪とするのか。その基準こそがバリューだからです。

ただ、バリューという単語はいささか扱いが乱雑なように感じます。本書でも「バリュープロポジション」という単語を使っていますし、「付加価値」を表す文脈でバリューという言葉が使われているケースもあります。これらが混在する書籍なども多く、それこそ「マネジメントオタクでないと読み分けできないよ」と私は感じます。場合によっては「あれ？　この人ひょっとして意味をごちゃまぜにして理解してるのでは？」と感じるケースすらあります。

そこで本書ではあえてバリューについての説明は丸ごと省略しました。しかしそれはバリューというものを軽んじているわけでは決してありません。ミッション・ビジョンとともにバリューの設定も本来は必要不可欠であると考えていることをここに明記しておきます。

第2章

価値を提供するための仕事を設計しよう！

プロセス設計の攻略地図

ビジョンを具現化する

前章ではビジョンについて考えてきました。何を目指すのか、少し光が見えてきたような気持ちになれているかもしれません。しかし、ビジョンはしょせんイメージであり想像でしかありません。「こうだったらいいなぁ」、「こうありたいなぁ」、という想いです。頭の中で、心の中だけで想っているだけでは物事は実現しません。顧客に価値をお届けして自分たちのビジョンに近づくためには、具体的に行動する必要があります。つまり、頑張って仕事をしましょう！　ということになります。

ですが、ではガムシャラにひたすら行き当たりばったりで頑張っていればいつかビジョンが実現するのでしょうか。報われるのでしょうか。決してそうではありません。確かにビジョンがなければ「うんざりワールド」に閉じ込められてしまいます。しかしビジョンを描きさえすれば「うんざりワールド」から脱出できるかというと決してそうではありません。むしろここからが本番です。ビジョンにつながるように、ちゃんと顧客に価値を提供できるように、そういう仕事を「する」必要があります。ではそんな仕事とは、具体的に何をどうすればいいのでしょうか。そこで必要になるのが、

仕事を設計する

ということです。ところがここで非常に多くの会社などが引っかかってしまっています。というのは

仕事とは何か？

をしっかりとみんなで把握して共有できていないことが大半なのです。そんな状態で、やれ業務改善だ事業変革だ、ビジネスプロセスがどうだこうだといっても、なかなかうまく進まないのは道理です。そこで仕事をどうやって設計するかという話に進む前に、いさ

さか遠回りになりますが「仕事とは何か」について確認しておきましょう。

仕事＝活動＋成果

そもそも「仕事」とは何でしょうか。仕事についてのややこしさ、あるいは面倒くさささというのは、仕事そのものが物理的には把握できないことが多く、見えやすい結果だけで議論をしがちなところに起因します。仕事の問題を解決するためには、まずはその対象となる仕事とはどういうものかについてしっかり把握することが不可欠です。

仕事というと、「頑張ってる」とか「大変だ」とか、あるいは「簡単だ」のように、「やる」ということに気が向きがちです。しかし、でたらめに適当に何でもやれば仕事になるかというと、当然そんなことにはなりません。大事なのは何かをした結果「何がどうなるか」ということです。つまり

仕事とは
「何をどうやるか＝活動」と
「何がどうなるか＝成果」の
組み合わせ

なのです。たとえば、

- 目玉焼きをつくるという活動→できあがった目玉焼きという成果
- 汚れた食器を洗うという活動→きれいになった食器という成果
- 商品を梱包するという活動→梱包された商品という成果

となります。何の活動もしないでいきなり成果が得られるということはありませんし、何の成果も求めないのに意味もなく目玉焼きをつくったり、商品を梱包しているということはありません。ですから、

成果＝目的
活動＝手段

と言い換えても良いでしょう。つまり何のために仕事をするのかという目的があります。それは成果を得るためです。その成果を得るための手段として、具体的にどのような活動をするのかということが決まります。コインの裏表のように、活動と成果あるいは手段と目的はワンセットでひとつの仕事なのです。

状態が変わるという成果

成果についてもう少し考えてみます。活動によって得られるものが成果だといいました。先ほどの例の場合は「目玉焼き」だったり「きれいになった食器」などが成果です。これらは物理的に明確です。目玉焼きという実体があります。あるいは食器がきれいになったということは目に見えてわかります。しかし仕事の中にはそのように物理的な変化を伴わないものもあります。

たとえば、「製品を検品する→検品された製品」だとか「送り状の住所を確認する→確認された住所」というような仕事（活動→成果）があった場合に、必ずしも物理的な変化を伴わないことも多々あります。しかしこれらも立派な仕事の成果です。

仕事の前後で状態が変わる
あるいは
仕事の前後で状態を変える

ということであり、これらもまた仕事であり成果なのです。

このとき、状態が変わったということを物理的に、端的にいえばぱっと見てわかるようにするために、たとえば「検品済シール」を貼り付けたり「確認済」の印鑑を押印したりすることがあります。それをして、「検品済シールを貼る」「確認済の印鑑を押す」というのが仕事だと勘違いすることもあります。ですがこれらはまた別の仕事なのだということに思いを馳《は》せる必要があります。つまり「その仕事の目的は何か？」ということです。

「製品を検品する」という仕事の目的は「検品済の製品」という成果を得ることです。検品済の製品とはつまり「問題のない状態であることを確認した製品」ということです。つまり、より正確には「製品を検品するという活動→問題のない状態であることを確認した製品という成果」というワンセットの仕事です。

しかし「問題がない」ということがぱっと見て誰でもすぐにわかるわけではない場合は、「〝問題のない状態である〟ことがひと目でわかる状態にする」ために「検品済シールを貼るという活動」を行うのです。その活動の成果が「検品済のシールが貼られた製品」ということになります。大事なのは検品済のシールを貼るのが目的ではなく、「そのシールが貼られているということは問題のない状態の製品なのだ」と自信を持って言い切れることです。それこそが本当に得たい成果です。

このように「状態を変える・状態が変わる」というのは立派な仕事なのですが、状態とは物理的に把握できないためにシールやハンコなどの物理的なもので補完されたりすることも多いのです。しかし手段の目的化・本末転倒とならないためにも、「状態」というものに意識を強く持つことは仕事を考える上で大切なポイントです。

仕事の本質は変換である

さて、ここまで「仕事とは活動と成果である」といってきました。ではたとえば、何もないところからいきなり「目玉焼きをつくる→できあがった目玉焼き」という仕事を行うことができるでしょうか。あるいは「製品を検品する→検品済の製品」という仕事をするにあたって、何もない状態で検品ができるでしょうか。

目玉焼きをつくるには元となる生卵が必要です。製品を検品するには検品対象となる製品が必要です。もう少し抽象度を上げた表現をするなら、

成果を出すためには、材料が必要である

となります。もっとカッコ良い言い回しを使うなら

仕事には、出力《アウトプット》と入力《インプット》がある

ということになります。ここでの出力とは「成果」であり入力とは「材料」です。さらに言い換えるなら

仕事の本質は変換である

ということであり、それはつまり仕事の「前《ビフォア》後《アフター》」で何かが変化するということなのです。
そしてさらに、もっと強い言い方をするなら

何らかの変化を実現するために、仕事が必要になる

といえるでしょう。

生卵のままでは満足できない。だから目玉焼きに変化させる。ちゃんと使えるのかどうか不安な製品は嫌だ。だから安心して使える状態に変化させる。生卵のままでいいなら、わざわざ目玉焼きをつくるという仕事をする必要はありません。別にちゃんと動かなくてもいいんだよということであれば、検品という仕事をする必要はありません。わざわざ仕事をするということは、仕事によって得られる変換後の成果が必要だということです。ではいったい何が必要なんだろう？　どうしてそれが必要なんだろう？　**仕事について考えるというのは、成果の必要性を考えるということ**でもあるのです。

変換には道具と手順が必要

仕事の本質は変換である。つまり活動をすることで材料を成果に変換することが仕事である。そのようにいいました。では、目の前にぽつんと生卵をひとつ置いただけで目玉焼きをつくることができるでしょうか。たいていは、火の元となるガスコンロのようなものやフライパンなども必要だと考えるでしょう。

申請書を承認するという仕事において、承認済の状態であることを一目瞭然《りょうぜん》にするために承認印を押すのであれば、当然承認印が必要になります。製品を検品するためにテスターなどの検査用の機器を使う必要がある場合は、当然それらの機器が揃っていなければ検品するという活動はできません。営業マンが自社製品のデモを客先に赴《おもむ》いて行うという場合には当然ながら、デモ機が不可欠です。

これらのガスコンロやフライパン、承認印や検査機器やデモ機などがなければ、材料を成果に変換することはできません。このような活動を支える、

「道具」が仕事には必要

になります。そして

道具には「手順」がある

ということも忘れてはなりません。たとえば、お米を炊くという活動をするに際して、米という材料が同じでも、かまどという道具を使うのと電子炊飯器という道具を使うのとでは、当然ながら使い方、すなわち手順が異なります。

また、道具に適した材料というのもありますし、同じ材料で同じ道具を使う場合でも目

的とする成果が異なる場合では手順を変える必要があります。たとえば、同じ生卵を材料として同じ調理場で同じフライパンを使っても、つくろうとする成果が目玉焼きとスクランブルエッグでは手順が当然変わります。

このように、仕事には道具と手順が必要であり、その道具と手順は材料と成果に対して適切な選択をしないといけません。

仕事をするタイミング

仕事とはどういうものなのかを考えてきました。では、こうした仕事はいつやれば良いのでしょうか。実は、仕事をやるべきタイミングは大きく次のふたつがあります。

○他からのリクエストを受けたとき

○ある条件を満たしたということを検知したとき

です。

まずひとつめの「他からのリクエスト」というのは、たとえばこのようなものです。

- お客さんから注文があったとき
- 上司から製品調査の指示をされたとき
- 部下から相談に乗ってほしいと頼まれたとき

このように自分以外の誰かから依頼《リクエスト》を受けたときに、それに応えるために仕事を行うという場合です。ここではオーダー（注文や指示など）のような要請などもリクエストといっています。

もうひとつの「ある条件を満たしたということを検知した」というのは、たとえばこのようなものです。

- 定時の10分前になった（ことに気づいた）↓ゴミ箱のゴミをまとめる
- 月末締めになった（ことに気づいた）↓今月分の経費精算の申請書を提出する
- トイレットペーパーがなくなった（ことに気づいた）↓新しいトイレットペーパーをセットする
- 材料在庫が規定量を下回った（ことに気づいた）↓仕入先に材料を発注する
- 部下の具合が悪い（ことに気づいた）↓部下に声をかける

これらのうち、前者はいわゆる定時・定期の仕事であり、後者は不定期・随時の仕事になります。

さらにいうと「リクエストを受けた」ということに気づいたから仕事を行う、というふうに捉えるなら、仕事を行うタイミングとは「ある条件を満たしたとき」とまとめることもできます。つまり仕事をするタイミングとは「条件」なのです。

コラム

検知するという仕事

「ある条件を満たしたことを検知したとき」というところで重要なのは、実は「検知する」ということです。つまり「仕事をやるべきタイミングになった、ということに気づく」ことが必要なのです。もしこれに気づかなければ、やるべき仕事をやらないという状況になってしまいます。そこで必要になるのが**「周期的に状態を確認する」という仕事**です。これを行わないと「気づかない」ということになりかねないのです。

　そして、では「周期的に状態を確認する」という仕事をやるとして、これもまた仕事なのですから「いつやるのか」「どんな活動をするのか」「どんな成果を得るのか」をきちんと決めておく必要があります。しかし往々にしてこの「確認する」という仕事は「気配り」という扱いに丸められがちです。しかし「気配り」とは「気配りをする」という活動であり仕事なのです。検知する、そのために具体的にいつ何をどのように確認すればいいのか、を仕事としてちゃんと考えておかないと、困ったことになるということはしっかりと意識をしておくべきでしょう。

仕事の構造

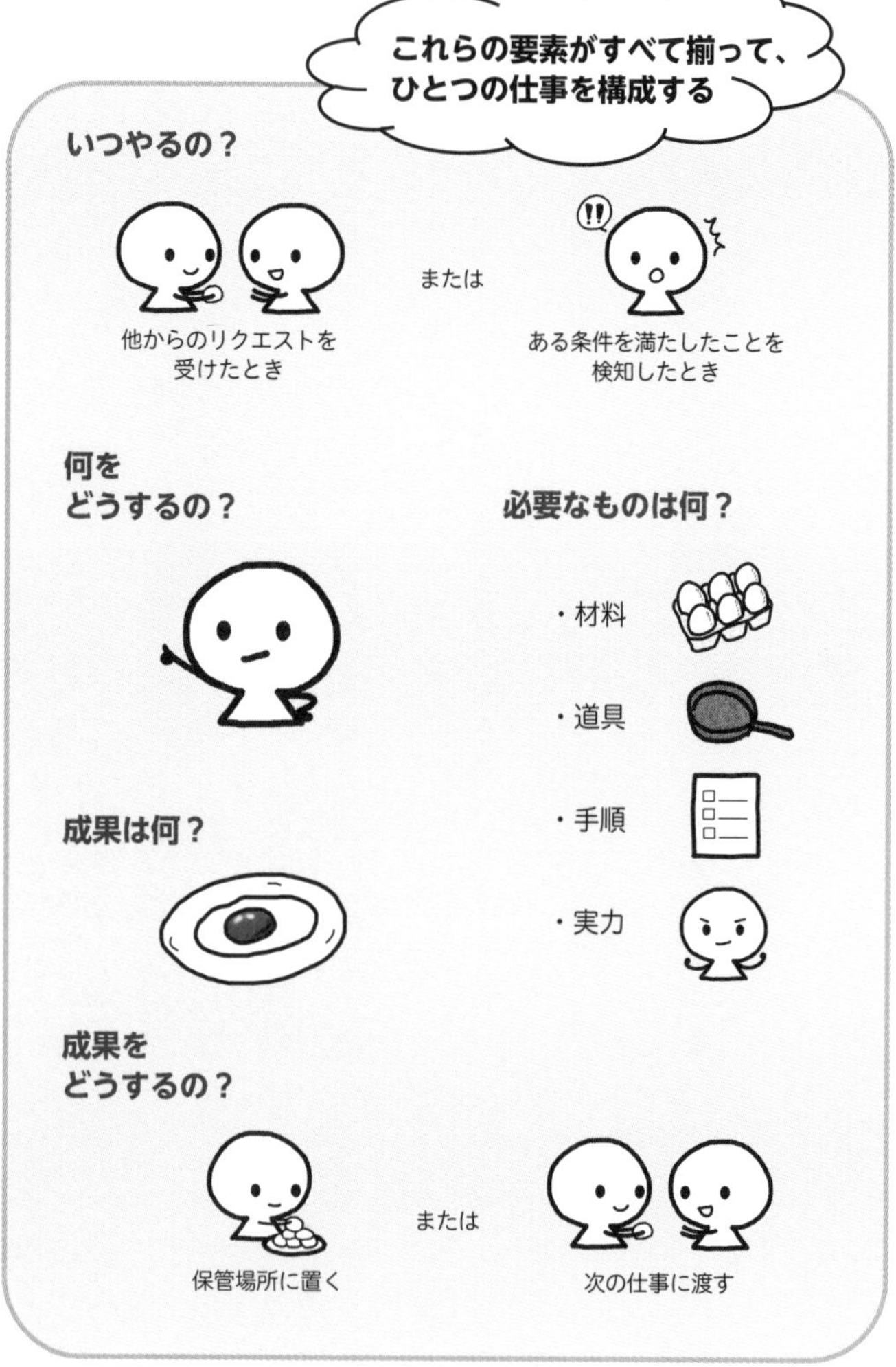
これらの要素がすべて揃って、
ひとつの仕事を構成する
いつやるの？
他からのリクエストを
受けたとき
または
ある条件を満たしたことを
検知したとき
何を
どうするの？
必要なものは何？
・材料
・道具
・手順
・実力
成果は何？
成果を
どうするの？
保管場所に置く
または
次の仕事に渡す

プロセス＝成果の受け渡しによる仕事の連鎖

仕事をやるべきタイミングが明確になったら、そのタイミングでちゃんと仕事をすれば良いはずです。しかし先ほど述べたとおり、仕事には材料や道具などが必要になります。仕事をやるべきタイミングになったにもかかわらず、その時点で必要なものが揃っていなければ仕事をすることができません。つまり、ある仕事をするためには、その仕事をする「まで」に必要なものを揃えておかなければならないのです。ではどうすればいいのか。それが「必要なものを用意する」という仕事になります。

この「必要なものを用意する」という仕事は、当たり前ですが「必要なものを使う仕事」の「前」に終わっていなければなりません。つまり、**前仕事**をいつやるのかという条件のひとつに「**後仕事**よりも前に行う」というものが不可欠になります。それは**仕事同士の間に順序がある**ということを意味します。そして大事なことは単に順序があるというだけではなく、必要なものを用意するという前仕事の成果を後仕事で使うということです。言い換えるなら、**前仕事と後仕事は成果によって連なっている**ということになります。そしてこの

仕事同士の連なり・連鎖《チェイン》のことを「プロセス（過程）」

と呼びます。

ここで、このプロセスというものについて意識しておくべき点があります。それは

プロセスの中の仕事には順序がある

ということです。さっきも言ってたよね、と感じられるかもしれませんが、もう少し掘り下げて考えてみましょう。

どうして仕事が連鎖するのかというと、ある仕事をするために必要なものを用意するという前仕事をしなければならないからです。もし「目玉焼きをつくる」という仕事を終えてから「生卵を買ってくる」という仕事をするとしたらどうなるでしょうか？　当然ながら買ってきた生卵は目玉焼きをつくるという仕事には間に合いません。ですからその生卵を使うことはできません。また別の機会に流用するということはあっても、もし仮にもう二度と目玉焼きをつくることがないとしたら買ってきた生卵はまるごと無駄になります。

ですから、何はともあれ

順序重要！

なのです。

では「いつ（どの順序で）」「どんな仕事をするべきか」は何を基準に決まるのでしょうか。それは**最終成果から逆算《バックキャスティング》される**ことで定まります。たとえば、目玉焼きという最終成果が欲しいから目玉焼きをつくるという仕事を行います。その仕事を行うためには材料として生卵が必要です。ですから目玉焼きをつくるという仕事に着手するまでに必要な材料を揃える、たとえばここでは生卵を買ってくるという仕事を済ませておく必要があります。

では最終成果が鶏の唐揚げだとしたらどうでしょうか。当然「鶏の唐揚げをつくる」という仕事をする必要があります。その仕事のためには材料を用意しなければなりません。そこで目玉焼きの場合と同様に、材料を入手するために買い物に行くという仕事をするとしましょう。このときにタイムセールか何かによって生卵が普段よりも非常に安かったとします。そこで費用対効果《コストパフォーマンス》を考慮して生卵を買ってきました。普段よりも低コストでの調達に成功しました。良い仕事をしました。ついてはこの生卵で後仕事を引き続きよろしくお願いします、となったらどうでしょうか。鶏の唐揚げを実現するのに必要なのは鶏肉です。その鶏肉を手に入れることなく生卵だけを用意しても次の仕事には連鎖しようがありません。つまり、いくら単体で良い仕事をしたと思っていても

成果が次の仕事に連鎖しない仕事は無意味である

のです。言い換えると、

この成果は次の仕事にどのように活かされるのか

こそが、どうしてその仕事をするのかという意義そのものなのです。一所懸命に頑張っても「無駄な仕事」になってしまうのは、このように成果の受け渡し・次の仕事への連鎖がなされないときです。プロセスとは「仕事の集まり」ですが、どうしてそれらの仕事が必要なのか・どうしてその順序で行うのかをしっかりと意識する必要があります。それはプロセス全体をひとつの活動として見立てた場合の成果を明確にするということであり、つまりはなぜそのプロセスを行うのかという目的を明確にすることと同じなのです。

コラム

業務フローという言葉

日本ではプロセスという言い方よりも「業務フロー」という呼び方をすることのほうが比較的多いです。他にもいろいろな呼び方が混在しています。

- ビジネスプロセス
- 業務プロセス
- 業務フロー
- ビジネスフロー
- プロセスフロー
- ジョブフロー
- ワークフロー
- 業務手順

- プロシージャ
- プロトコール（プロトコル）
- ファンクション

などなど。また、図式化して表現する「業務フロー図」の図のことを省略して業務フローと呼ぶ場合もあります。

　このあたり、明確な定義がありそうではっきりしないのが悩ましいところです。私自身はお客様のところの会話の雰囲気などで判断して使い分けをしていますが、個人的にはＩＴが当たり前の現代においては「プロセス」という言葉が好ましいと考えています。

依頼するのも仕事

さて、「仕事が連鎖してプロセスになる」ということを踏まえると、実は自分たちのプロセスは自分たちだけで完結しないということに思い至ります。というのは、仕事を行う条件のひとつである「他からのリクエスト」も一種の材料として必要になるのですが、この「リクエストをする」という仕事は、いつ・誰が行うのか？　を考えないとはっきりしないからです。

たとえば、これまで何度か出てきた「目玉焼きをつくる」という仕事ですが、これがとあるレストランの場合だと想定してみましょう。「目玉焼きをつくるという活動→できあがった目玉焼きという成果」という仕事をコックさんがするとして、コックさんはこの仕事をいつするのでしょうか。自分の気が向いたときにつくりたいと思ったら、ということではいささか困りものでしょう。成果を必要とされてないときにつくっても材料などのコストを無駄遣いするだけです。そうなるとレストランなのですから、ここはやはり「お客さんからの注文があったとき」という実行条件になります。ということは「お客さんからの注文」を受け取るということになります。何かを受け取るということは、ひっくり返すと何かを渡すということです。

ここで視点をお客さんの側に移してみましょう。お客さんにしてみると、目玉焼きを食べたいな～と思うから「注文する」ということになります。注文するを噛み砕いて考えると「お店の人に食べたいものを伝える」という活動を行った結果、「伝えた内容としての注文」という成果を生み出したことになります。もう少し言い換えると、自分の心の中にある「目玉焼きを食べたい！」という気持ちを材料にして「注文」という成果に変換したことになります。つまりお客さんは「注文する」という仕事を行うわけです。そしてこの「注文する」という仕事の成果である「注文（という伝達事項=情報）」が受け渡されることで「目玉焼きをつくる」という仕事に連鎖していきます。

ではこのときに注文の内容が不明瞭だったらどうでしょうか？　たとえば「どのお客さんからの注文なのかわからない」だったり「何個つくればいいのかわからない」あるいは「希望しているのが半熟なのか固焼きなのかわからない」ようでは後仕事を行うときに困ってしまいます。つまり、リクエスト（依頼・注文・指示など）というのは目に見えないものであっても後仕事にとって大事な材料のひとつだということです。大事な材料ですからしっかり揃えてもらう必要があります。ですから「お客さんがやることなので、自分たちの一連の仕事（の連鎖としてのプロセス）には無関係」というわけにはいかないのです。

そこで考えるべきは、お客さんが「注文する」という仕事で適切な成果を出すために必要な材料・道具・手順はどういうものかということです。たとえばいわゆるメニュー（お品書き）を渡してあげる、だったり、注文用紙という道具をきちんと整えて適切な注文をしてもらえるようにするというのもひとつの手です。すると今度は、「メニューを用意する」や「注文用紙を用意する」仕事が必要になることがわかります。このように丁寧に連鎖について考えていくことが、仕事について考えるということにつながっていくのです。

道具・手順そして実力を用意する

仕事の連鎖すなわちプロセスについて考えてきましたが、必要なものを揃えることを考えると材料だけでは不十分です。仕事に必要な道具も揃える必要があります。ささやかなことと思うかもしれませんが、たとえば「承認印を押す」という仕事ひとつを取っても承認印というハンコを用意しなければいけません。そのへんに転がっているハンコを適当に使えばいいかというとそれでは駄目なことが多いのですから、ちゃんとしたハンコを用意する必要があります。実際に使うまでに用意できなければ当然ながら仕事を行うことができず、滞《とどこお》ることになります。ですから必要になる「まで」に用意しなければなりません。

また、道具をぽんと用意するだけでは不十分なこともあります。道具の使い方などの手順をちゃんとわかる状態にしないとうまく道具を使えないこともあります。それらを揃えるという前仕事も必要です。道具を使える状態にするということで考えると、使う人のトレーニングが必要になることもあります。つまり「道具を使える状態にする」という活動によって「道具が使えるようになる」という成果に変換するということです。言い換えると、

実力（＝実行能力）を用意する

という仕事が別途必要なのです。実力には大きくふたつあります。

○正常系……きちんと材料を成果に変換することができる
○異常系……想定外の事態が起こったときに対応できる

というものです。これらは実はまったく別の能力です。

前者の正常系というのは、いわゆるスキル（技能）です。ルーチンワークといっても良いでしょう。想定通りの材料・道具が揃っていて、想定通りの手順に従って、きちんと想定通りの成果を出すことができる、という能力です。この正常系のスキルもいきなり完璧《かんぺき》に身につくわけではありません。まずはどういうことをやれば良いかを知らなければなりません。**人間というのは知らないことを思いついたり、ましてやることはできない**からです。知っているだけでは単なる知識であり実際に行動することはできません。ですから実際にやることが大切です。しかしいきなり最初からうまくやれるということはなかなかありません。ですから何度も反復して、ときには失敗もしながら徐々に習得していくことになります。いわゆる「スキルが身につく」という状態です。そしてスキルが身につくと「できて当たり前」という状態になり、すらすらと成果を出せるようになります。つまり反復によって鍛えられることで得られる能力です。

一方で後者の「異常系」というのはその名のとおり常と異なる、すなわち正常ではない事態にどのように対応するかということです。こちらは年がら年中異常事態が発生すること自体が異常なので、本質的に反復で鍛えられるスキルではありません。一方で人間は知らないことを思いついたり、したりすることはできません。ですから「こういうときは、どうすればいいのか」という知識のボキャブラリーをどれくらい持っているか、そしてそれをどれくらい思いつけるかが、まず重要になります。その上で、仮に妙案を思いついたとしても、それをきちんと実行できるか・実行して成果を出せるかは、極論ですが賭けです。なぜかというと、普段から鍛えられているスキルではないからです。普段の仕事で鍛えられるのは正常系のスキルです。ですので異常系に対応できる能力を習得させるためには、普段の仕事とは異なる前仕事を行う必要があります。いささか余談になりますが、そのためには「そもそも異常系が起こらないように正常系を考える」「正常系そのものをシンプルにする」を行うことが結果として異常系発生時の負担を減らす作用をもたらすことになります。

ともあれ、用意すべきものが足りないと仕事を行うことはできません。この用意すべきものには「仕事をする実力」も含まれていること、そして具体的にどのような実力が必要になるのかは、材料・道具・手順の組み合わせで決まるのだということを知っておくことが大切です。

一時保管による仕事の連鎖

仕事は最終成果に向かって連鎖していきます。この連鎖における成果の受け渡しに際して、常にリアルタイムで行うと逆に窮屈《きゅうくつ》でつらいときがあります。そこでいったんどこかに蓄積しておく、いわゆる一時保管《ストア》を通じて仕事を連鎖させることがあります。これは実は予想以上に非常に多くのケースで行われています。大きくは次のふたつのパターンです。

- **小さいものをコツコツと蓄積しておいて、あるタイミングでどんとまとめて後仕事に連鎖する**
- **まずまとめてどんと蓄積しておいて、後仕事は必要な分だけコツコツと持っていくことで連鎖する**

前者で多いのは「締め処理」です。たとえば出勤記録を毎日コツコツと蓄積しておいて、締日になったらまとめてどんと提出して1ヶ月分を一括《バッチ》で処理するというケースです。後者は仕入・購買・調達系に多く見られます。まとめてどさっと材料を仕入れておいて、必要な分だけちょっとずつ使っていくというケースです。

実はこの蓄積しているものは「一時保管している状態」ということで目に見えづらいために意外とないがしろにされがちです。たとえば在庫などは倉庫にあるということは目に見えても、それがいつからあるのか・どれくらいあるのか・いつ使う予定なのかなどがはっきりしていないことが非常に多いのです。そのため、この一時保管の前後のプロセスが分断されがちになる、つまりプロセスの滞留・遅延の要因となりやすいのです。ましてや「個人の手元」に一時的に持っているケース、たとえば営業マンが個別の案件の進捗状態を手元の手帳で管理しているような場合は、いきなり不意打ちで「受注しました!」と持って来られても後仕事が「そんな納期ならもっと早めに教えておいてよ」などというやり取りになってしまうことも多いのです。つまり個々人の仕事としてそれぞれが自分なりに頑張っているのだけど、プロセス全体で見るとチームワークとしてはぎくしゃくしている・今ひとつの状態であるということになりやすく、その要注意ポイントでありながらも見落とされがちなのがこの「一時保管《ストア》」です。ですので、このストアをしっかりと把握することがプロセス全体の、つまりは関係する人たちみんなが報われるかどうかの要点のひとつです。

なお、ストアの前後で取り扱う材料や成果の大きさや量が大きく変わることが多いのも特徴です。つまりプロセスの流速やロットサイズが激変するため、前後のプロセスを別物と見立てがちです。大事なのは連鎖です。いわば「倉庫くん」や「手元の手帳くん」が「保管する」という仕事を行ってくれているのだというふうに考えて、プロセスの一員として考えてあげるべきです。この話はＩＴにおける特にデータベースの活用などにつながっていきます。

「もしも」の話

世の中には多種多様な人達がいて、それぞれにさまざまなニーズがあります。その需要に応えることでビジネスが成り立つのですから多様なプロセスが必要になりますし、それは自ずと複雑なものにもなりがちです。では「複雑なプロセス」とはどういったものでしょうか。それは「場合《ケース》ごとにやることが似て非なるものになる」というものです（その中にはいわゆる「例外処理」や「異常系」といわれるような場合も含まれます）。

これらは「もしもAがBだったら」という表現ができます。たとえば

- もしも顧客が大人だったら
- もしも顧客が子供だったら
- もしも請求書が不備の状態だったら

のようになります。

これらは特殊な仕事のように感じられるのですが、よくよく考えてみると「AがBであるという条件を満たした（ことを検知した）場合」と捉えることができます。つまり、いつその仕事を行うかという条件設定だといえるのです。

ともすれば、「あんな場合にはこういうことをしないといけないんだけど、でもこんな場合もあって、あ〜混乱する！」となっている様子を見かけますが、何をやるかという活動の話をいったん脇において「いつやるのかという条件」と「結局どんな成果が出ればいいのか」をまずは考えると整理しやすくなります。

コラム

評価するという仕事

ここで少しだけ「価値」と「評価」について触れておきます。

「バリュー」という単語が乱雑に使われていると先述しましたが、その訳語とされる「価値」という言葉もまた雑に使われています。よく「仕事には付加価値が重要だ」とか「価値のある仕事をしよう」などといわれます。では価値とは何なのでしょうか。「付加価値」については会計的な定義がありますが、必ずしもそういう意味で使われているわけではなさそうなケースが散見されます。

端的にいえばＫＰＩと抱き合わせで語られるような場合です。つまりＫＰＩとして設定した何らかの指標が良ければ価値があるというような言説です。そのこと自体をあげつらうつもりはないのですが、価値とかＫＰＩといった言葉を熟慮しないまま使って疲弊している様子が散見されます。

そもそも価値とは何でしょうか。何らかの仕事をすると成果が生まれます。ではその成果に価値があるかないか。たとえば「目玉焼きをつくるという活動→できあがった目玉焼きという成果」があるとして、このできあがった目玉焼きの価値は、誰が何をどうすることで定まるのでしょうか。つまり「価値」とは前仕事の成果を材料として「価値があるかどうかを評価する」という活動によって得られる成果なのです。ということはこの「価値があるかどうかを評価する」という仕事が具体的にどういうことをするかが決まってなければなりません。求める最終成果がその「価値」そのものであるなら、その価値とはいったいどのようなものかをまず定める必要があります。そしてそこから逆算《バックキャスティング》して、どういう目玉焼きをつくればいいかという成果の満たすべき条件（仕様あるいはスペックともいいます）を定めることになります。お客さんに「美味しい！」と思ってもらうことが価値であるとするなら、では「美味しい！」とは具体的には、何がどうなっていればいいのかということを定めて、そこを目指してプロセスが成り立ってなければいけません。

そう考えたときに、ではKPIとは何なのか？ となるのです。それは「価値そのもの」なのでしょうか？ 単なる目安でしかないのではないでしょうか？ KPIという成果を得るには「KPIを測定する」という仕事が必要です。それはちゃんと設計されているのでしょうか。そしてそのKPIを得た結果、何をどうするのでしょうか？ 実はKPIというのはさらなる後仕事に連鎖しなければ意味がないのです。ではその後仕事とは何でしょうか。そこまでちゃんと考えているでしょうか。誰かの言い訳のために用意されたものになっていないでしょうか。

状態を変えるということも仕事のひとつという話をしました。「検品する」という仕事の成果は「検品済である＝問題がない」という状態になることです。ですがストアの話と同じく、状態というのは目に見えないものです。ですからぱっと見てわかるように検品済シールを貼るのでした。実はKPIも同じです。価値というのは目に見えない。だから検品済シールを貼るのと同じように、測定して数値化することで目に見えるようにしましょう、ということに過ぎません。自動車が時速何キロで走っているかを知るのは速度計によりますが、では速度計が正しく動作しているのかという疑念は無視できません。まして「なぜ、60キロで走るんですか？」という問いに対してもし明確な理由がないのであれば、速度計が時速60キロを指し示していても「ソー・ホワット（だから何）？」なのです。

大切なのは「では数値化とは何か」を考えるということです。数値化とは「目に見えない、定性的なものに対して、単位を決める」ことです。たとえば夫婦間の愛情というのは測定できません。ですが測定できないままだと問題を解決できません。そこで何らかの指標を設定するのです。たとえば「1週間の夫婦の会話時間」でもいいでしょう。あるいは「1ヶ月に一緒に外食した回数」かもしれません。「手を握った回数」かもしれません。つまり「単位を決める」のです。そしてそれを測定する。ですが、これが「はい、今週は2時間会話しました。対前年同月比で2割の改善がされたんだから、夫婦の愛情は2割向上したでしょ。会話の時間を増やせばいいんでしょ」となってしまうとどうでしょうか。手段の目的化、本末転倒になっていると感じられることかと思います。このような「とにかくKPIを達成しなければいけない！」という状況になり、「だから仕事が問題だ！」となっているケースが多いのです。

「価値を評価する」「KPIを測定する」のも仕事です。ではその成果は何か。その成果は何に連鎖していくのか。本当にそれが「最終」成果なのか。それを考えることが、仕事の本当の問題解決に取り組むことにつながるのです。

プロセスの階層構造

ここまでで仕事とは何か、一通り考えてきました。業種・業態・業務の違いを問わず、基本的にはこれまで見てきた要素の組み合わせで仕事は成立しています。ですので仕事の問題を解決するためには、これらの要素について考えていくことになります。

ここでプロセス全体の構造について、あともうひとつ知っておきたいことがあります。仕事の連鎖であるプロセスは、実は三層構造、つまり大きく三段階の階層構造になっています。

〇第1層……仕事間の連なり
〇第2層……各仕事における作業手順
〇第3層……各作業における道具の操作手順

です。より厳密にいうと、それぞれの層もまた個別に階層構造を有していることがありますが、意味合いの違いで分類するとこのような三層構造になります。

たとえば、とあるレストランを想像してみましょう。**第1層**としては、

○お客さんが注文する
↓店員が注文を受ける
↓コックさんが注文に応じて調理する
↓できあがった料理を店員がお客さんに届ける
↓お客さんが食事をする

というような仕事の連鎖が想定できます。この流れ全体が第1層です。

そしてこの第1層の中の「店員が注文を受ける」というひとつの仕事に着目すると、今

度はこの仕事の中にも手順の流れがあることがわかります。たとえば、

○お客さんの注文を聞く
↓注文端末に注文内容を登録する
↓注文内容を復唱してお客さんに確認する
↓注文確定ボタンを押す
（↓注文情報がコックさんに伝達される）

といったものです。このような個別の仕事の中の作業手順の流れを**第2層**としています。
そして最後の**第3層**は、この第2層の中で道具を使うときの手順になります。たとえば「注文端末に注文内容を登録する」という作業において、

◯注文登録画面を表示する
↓注文された商品を選択する
↓商品に応じたオプションを選択する
↓「注文する」ボタンを押す
（この時点ではまだ注文は確定ではない）

のようになります。

仕事をより良くしたいと思うとき、仕事のどこが問題なのかというと、第1層の大きな連鎖の流れに問題があるのかもしれませんし、逆に非常に細かい画面の操作性のせいで手間取っているのかもしれません。業務とか仕事という言葉は非常に便利な言葉で、何でも言い表せてしまいます。だからこそ、どの箇所についての話なのかを意識することは、物事を混乱させないために非常に大切です。

プロセスの階層構造

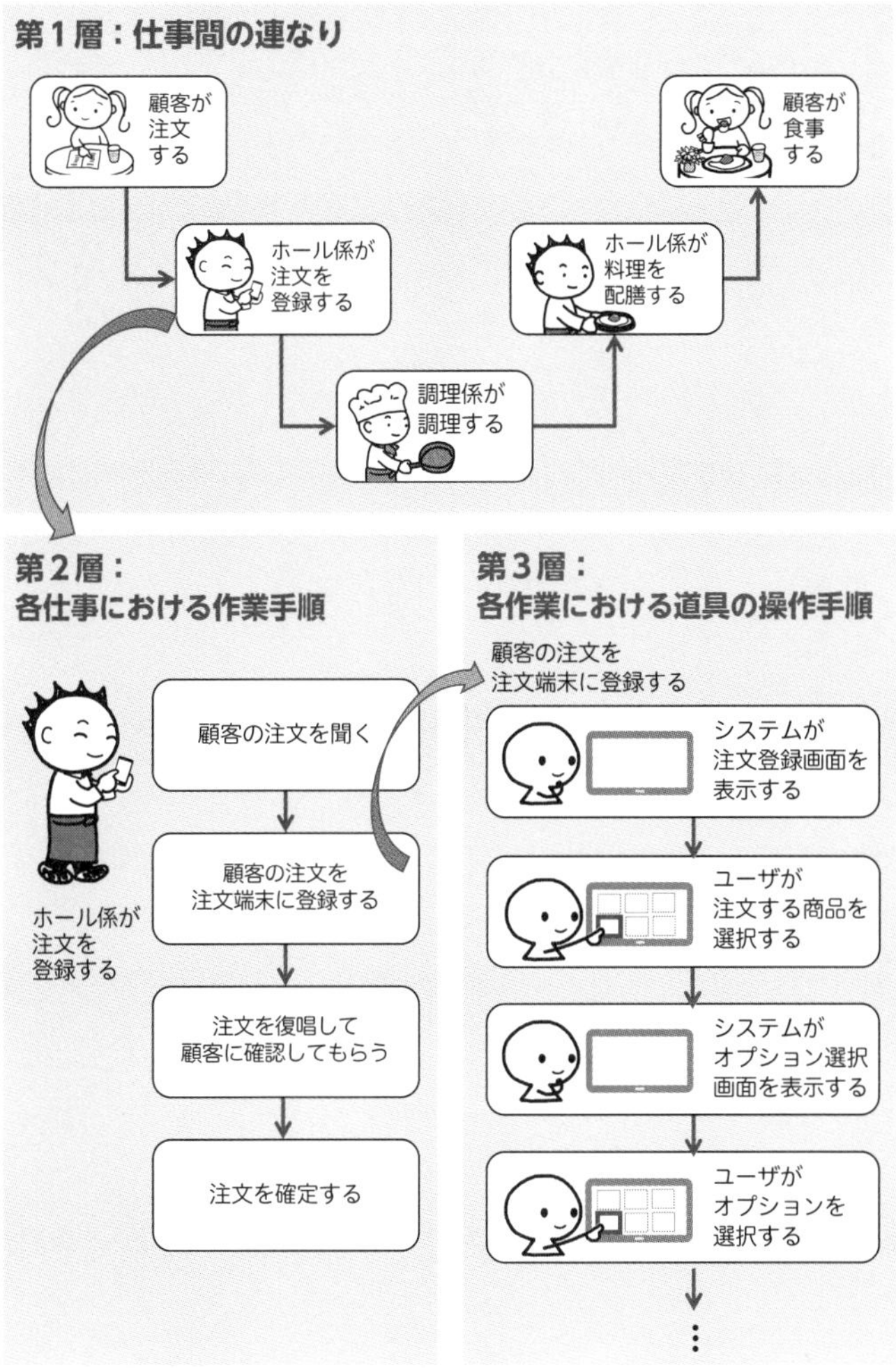
第1層：仕事間の連なり
顧客が注文する
ホール係が注文を登録する
調理係が調理する
ホール係が料理を配膳する
顧客が食事する
第2層：各仕事における作業手順
ホール係が注文を登録する
顧客の注文を聞く
顧客の注文を注文端末に登録する
注文を復唱して顧客に確認してもらう
注文を確定する
第3層：各作業における道具の操作手順
顧客の注文を注文端末に登録する
システムが注文登録画面を表示する
ユーザが注文する商品を選択する
システムがオプション選択画面を表示する
ユーザがオプションを選択する

仕事を設計する

ここまで延々と「仕事とは何か」を見てきました。これを踏まえて、ではどのように仕事を設計していけば良いのかを見ていきましょう。これ以降は「仕事の設計」といっているといささか面倒なので、

プロセス設計

と呼びます。プロセス設計の手順は次のとおりです。

①提供価値をもとに最終成果の「要件」を明確にする
②その成果を実現するために必要な仕事を逆算《バックキャスティング》で考える
③それぞれの仕事を必要に応じてブレイクダウンして詳細に考える

では順番に見ていきましょう。ここで、第1章のビジョン設計で揃えたパーツを再確認しましょう。

私たちは、ビジョンの実現を目指して仕事をします。
そのビジョンとは［　　　］です。
私たちは、顧客に対してこのような価値を提供します。
［　　　］
これによって、顧客が［　　　］になることを支援します。
そのために具体的に提供するものが
［　　　］
です。

というものでした。ビジョンや顧客ニーズの重要性は頭の片隅に置きつつも、ここではきちんとしたプロセスを設計するために「要するに何が提供できればいいのか？」にフォーカスして進めていきます。

最終成果を定義する

まずは具体的に提供するものは何かをしっかりと定義します。これは出すべき最終成果の分だけ明確にする必要があります。たとえばラーメン屋さんなら、

- 塩ラーメン
- みそラーメン
- とんこつラーメン

は、いずれもラーメンという大括りな観点では同じものに見えても、実際の現物は当然ながらそれぞれ異なるものです。ですからそれを産出するプロセスも少しずつ異なります。

同じように、

- 見積書
- 納品書
- 請求書

なども ぱっと見た感じは非常に似ています。ですがそれぞれに役割が異なります。その役割の違いによって少しずつ内容が異なります。当然、その異なる内容を埋めていく仕事も違います。いずれも「よくわからないけど、行き当たりばったりでやってたら、気がついたら塩ラーメンができていた」「とりあえず思いつきで適当にやってたら、請求書ができていた」なんてことはありえないのです。ですから、まずは自分たちが何を最終成果として出す必要があるかを明確にする必要があります。

そこでまずは

最終成果一覧

を整えましょう。要するに、自分たちの行う仕事のメニュー／お品書きをまとめるということです。うちは〇〇屋さんとしてこういうものを提供しますよ、ということを整理します。この一覧の内容には

○何を……最終成果名
○誰に……提供先（顧客名）
○いつ……提供するタイミング
○どのように……提供の仕方

は必ず書くようにしましょう。

なお、中にはここまでの話をしっかり読んで「それでも、ビジョンとか顧客ニーズとか

しっかり考えてる時間がないしなぁ」というようなケースもあるかもしれません。そのような場合は

○なぜ……提供先（顧客）がこれを必要とする理由

も書き出すようにしましょう。そしてここが不明瞭であれば「ひょっとしていらない？」「無駄なんじゃない？」「本当はもっと違うものを提供したほうがお役に立てるんじゃない？」という問いを立てて、何を最終成果にすれば良いのかとをしっかりと考えておきましょう。

また「提供の仕方」については、特に部門間の電子ファイルの受け渡しなどの場合「○○という共有フォルダに置いておく」などのケースが非常に多いのですが、これはいわゆるストアを経由した仕事の連鎖ということになりますから、「置いた」ことに気づいてもらえないとか置く前に取得しようとしてクレームが来るなど、プロセスとしての連鎖

の不具合・滞留などになりやすいポイントでもあります。このあとで具体的に必要な仕事を逆算《バックキャスティング》で考えていくわけですが、その際の考慮ポイントにもなりますのでぜひ具体的にいつどのようにということを書いておきましょう。

なお、これは個人レベルであっても非常に有用です。「自分は何をやっているか」ではなく、まず「自分が出している成果は何か」を明確にしてみましょう。きっと自分でも意外なことに気づくのではないかと思います。

さて、最終成果一覧をつくったら、そこに列挙されているひとつずつに対して、具体的な内容を確認していきましょう。これをカッコ良くいうと仕様（スペックあるいは諸元）といいます。本書では**最終成果として認めるためにクリアする必要がある条件の略**ということで「**要件**」と呼びます。たとえば、請求書の要件は次のようになります。

○請求書の要件

- 請求先が明記されている（会社名、担当者名、担当者の部署名）
- 件名が明記されている
- 請求日が明記されている
- 支払日が明記されている
- 支払日は請求日に対して月末締めの翌月末である
- 請求金額が明記されている
- 振込先の銀行口座が明記されている
- 支払手数料についての断り書きが明記されている

などなどです。この例を見る人が見れば「おいおい、あれが足りないじゃないか」と感じることでしょう。そういったことをきちんと明記していきましょう。「それくらい明記しなくても当たり前でしょ。常識でしょ」などと決して思わないことです。そういうことをいうときはたいてい面倒くさくて手間を端折りたいからもっともらしい理由をつけているだけです。そして目先の面倒くささに負けて些細《ささい》な手数を惜しんで、その結果起こる些細《ささい》な再確認などの手間が見えないストレスとなって「うんざりワールド」を強固にしていく種のひとつになっていくのです。未来の自分のためにも、手を抜きたい気持ちをぐっとたえてしっかりと考えていきましょう。

最終成果を出すためのプロセスを考える

最終成果の要件を定義したら、その要件をクリアして無事に最終成果を完成させるために何をやる必要があるかを順番に考えていきます。このときに大切なのは、頭から考えるのではなく

最終成果を出すというゴールから逆算《バックキャスティング》する

ということです。

たとえば「請求日が明記されている」という請求書の要件を満たすためには、「請求日を記入する」という仕事が必要です。そして請求日を記入するにあたってデタラメの日付を書くわけにはいきませんから、請求日を記入するという仕事の材料としての「請求日」を得るために、その前仕事として「請求日が何年何月何日なのかを把握する」ことが必要になります。

このように書くと「そんなの当たり前じゃないか」「いわなくても誰でもそれくらいわかるでしょ」ということをおっしゃる方が相当数います。では、その当たり前が日常的に漏れなく徹底して正しい順序で実行されていますか？　と問うと苦い表情をされます。そういうところなのです。「うんざりワールド」は「面倒くさいからはしょろう。これくらいなら大丈夫だろう」の積み重ねで強化されていきます。当たり前をないがしろにしていると自分自身も「それくらい当たり前でしょ」とないがしろにされてしまいます。凡事徹底。神は細部に宿るのです。

　とはいえ、ある程度はおおまかなあらすじを描けることが大半だと思うので、厳密に逆算《バックキャスティング》するのが逆算《バックキャスティング》そのものにこだわらなくても良いです。あくまでも仕事の設計漏れをなくす主旨なので、逆算で設計しなかったからまったくもって全然駄目《だめ》とはなりません。「しかし、そうはいってもね、」ということですので、少しでも悩んだり迷ったりしたら、最終成果から逆算して確認していこう！　と進めればよいでしょう。

　一方で、おおまかなあらすじを考えるときにぜひとも忘れてほしくないことがあります。それは

顧客側の入手プロセスを描く

ということです。

　そもそもなぜ自分たちは仕事をするのかというと、顧客ニーズに応えて困りごとを解決

する支援をするためです。ということは、当たり前ですが顧客がその価値を手に入れてくれないと、こちらとしては何の役にも立てないのです。ですから、どういうふうに顧客が最終成果を手に入れて利用するかを想定して、それにきちんと沿うように提供の仕方を整えなければなりません。

そもそも最終成果と呼んではいますが、最終だと考えているのは提供側・供給側の視点であって、顧客にとっては入手してからはじまるのですから

私たちが、最終成果を提供する

←

顧客が、困りごとを解決するための材料として、私たちの最終成果を入手する

という連鎖があり、その連鎖の先に顧客の困りごと解決という本当に提供すべき価値が生まれるのです。ですから、自分たちが頑張って生み出した最終成果がきちんと顧客に届く

ように、顧客側の入手プロセスも描いておく必要があります。

とはいえ、特に顧客が外部の人の場合は、こちらの想定通りに必ず動いてくれるとも限りません。あくまでもあらすじを想定するという感じで大丈夫です。逆に社内顧客の場合はしっかりとお互いに連鎖を意識して設計しておくべきでしょう。このあたりは後ほど「分業」という話題でもう少し触れます。

さて、顧客の入手プロセスについては大きく二種類あります。

○アクティブ型（能動型）

○パッシブ型（受動型）

この二種類は顧客の行動形式ですが、これに応対する提供側から見ると

〇アクティブ型→プル型（向こうから取りに来る）
〇パッシブ型→プッシュ型（こちらから届ける）

という違いになります。

アクティブ型というのは、入手するために本人が能動的に行動するパターンです。ラーメン屋に来店して注文するのはアクティブ型の典型例です。ＥＣサイトでオンラインショッピングをするのもアクティブ型です。一方のパッシブ型は、提供されるのを顧客側が待っているパターンです。最初に「契約する」などの約束の取り交わしをして、あとは決まったタイミングで成果が提供されてくるのをお任せで待っているというものです。これは社内顧客の場合に非常に多いパターンです。社内プロセスの大半はこのパッシブ型だと思います。

外部の顧客に対してのパッシブ型入手プロセスの場合に要注意なのは、「契約する」というプロセスと「提供する」という**プロセスが提供側の中で分業によって組織分断されていて、そのためにまったく別のプロセスと認識して行動しているケースが多い**ことです。

この場合、顧客からすると「困りごとを解決するために、まず最初に契約をして、その後定期的に提供される」という一連のプロセスとして認識しているのに、契約したのと異なるものが届いて、問い合わせをすると「担当部署が違うので」などといわれてしまうと、顧客からすると「知らんがな。そんなのはそっちの都合でしょ」「信じられない、ありえない」という気分になる事態に陥《おちい》りがちです。このような問題を予防するためにも、できれば顧客の入手から利用までの一連のプロセスを描いておくことを強くお勧めします。

階層構造とブレイクダウン

さて、先ほど説明したようにプロセスは三層構造を持っています。ですので最終成果を提供するための第1層の流れを逆算《バックキャスティング》を意識しながら描きつつ、徐々に個別の仕事をブレイクダウンして第2層の内容を詰めていきましょう。このときに重要なのは先ほどまで延々

と説明してきた「仕事とは何か」を意識することです。ざっと思い返すと、

- **活動と成果**
- **実行するタイミング**
- **必要なものを揃える**
- **成果の受け渡し、あるいは保管**

ということになります。これらを丁寧に考えることが大切です。いくら丁寧に考えても実際の現場ではいろいろと想定外のことも起こりうるわけですが、だからといって何も考えずに行き当たりばったりでは今までの「うんざりワールド」から抜け出すことはできません。昔から「段取り八分」などともいわれます。段取りとは準備作業のことでもありますが、そもそも事前にしっかりと考えておこうという計画／設計の重要性を指摘する言葉でもあります。面倒くさいという気持ちに負けないで、やるべきことはきちんとやるのだという意識で進めていきましょう。

例外処理について

プロセス設計をやりはじめると、とかく「あんな場合はどうしよう」「こんなケースもあるんです」「こんな状態に対応しないといけないんです」と個別のいわゆる例外処理と呼ばれるものに目を奪われてしまいがちです。これはもうどうしてもそうなる傾向があります。

ここで強く意識すべきは「例外は、めったにないから例外なのだ」ということです。つまり圧倒的に多い、

例外が一切ない場合の基本形

をしっかりと設計することが先だということです。この基本形をしっかりと描かずに、個

別に例外処理ばかりを集めてまるで寄木細工のような繊細でデリケートでナーヴァスな、いとも簡単に機能しなくなるような業務を描いているケースが非常に多く見受けられます。大切なのは、まず基本形という太い幹をしっかりと立てること。そしてそこに少しずつバリエーションとしての例外処理を加えていくことです。

よく「標準化を徹底して例外処理をなくしましょう」的なスローガンを掲げて行き詰まる改善プロジェクトを見かけますが、例外処理を一切なくすなんてのは無理です。新しいことをやれば、今までの想定に入ってなかったことをやる必要が出てくるのは十分に起こり得ます。大切なのは新陳代謝が容易であること。そのためには基準となる軸をこそまずはしっかりと備えることが肝要です。

例外処理は心理的にストレスが大きいため目立ちます。目立つのでついついそちらに意識が向きがちです。しかしそれはあくまでもノイジーマイノリティな存在に過ぎません。もっと大きな、サイレントマジョリティである基本形をしっかりと見据えるという意識を強く持って取り組みましょう。

ＩＴありきのプロセス設計を！

さて、時代は21世紀です。ＩＴが珍しかった時期はとっくに過ぎ去りました。ＩＴという言葉が生まれて20年以上。そしてスマートフォンが登場してから10年以上。もはやＩＴが当たり前の時代です。積極的に活用しない手はありません。そこでぜひ「ＩＴありき」で新しいプロセスを設計していきたいのですが、ともすればＩＴという言葉が生まれる以前の「ビフォアＩＴ時代」の頃のコンピュータ活用のイメージに引きずられて、単なる省力化・自動化にしかコンピュータを活用しない・できない、その結果せっかくのＩＴシステムの真の恩恵に浴することができないという状況があちこちで見られます。

「うんざりワールド」になってしまう理由は「ビジョンの不在」でした。実はそれだけではない理由がまだ潜んでいるのです。それは**「分業」**と、そして分業に伴っての**「アナ**

ログな情報伝達」なのです。これらに注目しない限り、ＩＴの真の実力を活用することはできません。そこでまずはそもそも「分業」とは、ということについて、少し冗長に感じられるかもしれませんが考えてみましょう。

取引先にとっての顧客としての自分

ビジネスを行うにあたって、すべてを自分たちだけで完結することはなかなかに難しいことです。たとえばラーメン屋さんをやっているとすると、材料の小麦粉は仕入先から買うことになったりします。

これはつまり、「自分たちのビジネス（＝ラーメン屋さん）には小麦粉が必要だ」「しかし自力で小麦粉を用意するのは大変だ」という状態であり、この問題を解決するという需要が自分たちに発生しているということです。そこで仕入先に対価を支払って顧客になることで、この問題の解決を支援してもらうことになります。

　そこで発生するのが「対価を支払う」という仕事です。自分が誰かの顧客になるには「注文を出す」「商品を受け取る」「対価を支払う」などの仕事を行う必要があります。これらがスムースに進まないと、自分たち自身の仕事やビジネスも滞《とどこお》ることになります。つまり単に「うちは仕入先に対しては顧客なのだ。ガハハハハ！」などと思っていても、実は自分たちの仕事と連鎖して一連のプロセスを構成しているので、取引先に対してずさんなことをしていると、それに連鎖して引っ張られる形で自ずと自分たちの仕事に悪い影響が出てきます。

　顧客が存在しなければ仕事の必要が生じない。一方で、自分たちが顧客であることに無頓着《むとんちゃく》だと、自分たちの仕事がずさんになり自分たちの顧客を失うことになりかねない。無関係なようでいろいろな物事が関わり合っているのだという事実は決して無視できません。

マネジメントとはやりくりのこと

自分たちの顧客に対して、その需要に応えるために自分たちの仕事を頑張る。するとすべてを自前ではやりきれないので不足部分を取引先とのやり取りで補うようになっていく。そうすると、自社の顧客からの入金（売上）と、取引先に対しての顧客としての支払とが発生します。入金よりも先に支払が続いてしまうと、せっかく売上のあてがあっても支払ができなくて商売が止まってしまいます。ですので、お金のやりくりを考えて、上手に支払や入金の管理をしていく必要があります。

ということは、「お金のやりくりをする」という仕事が発生するわけです。これをカッコ良くいうとフィナンシャル（財務）などといったりします。フィナンシャルを行って事業の継続を実現することを「マネジメント」といいます。

マネジメントというと「管理」と訳されることが多いため、何となく上から目線の嫌な感じに受け止めている方も多く見受けられますが、本質は「目的の達成に向けて、各種のリソース（「資源」のこと。よく「ヒト・モノ・カネ」などといわれたりもします）を**やりくりすること**」です。目的の達成とは、「ビジネスの継続」だったり「成長」だったりしますので、要するに長く続けていくために必要なやりくりをちゃんとやる。そのために必要な仕事の集まりのことをマネジメントと呼びます。

やりくりはお金だけではありません。お金ともつながってきますが、材料を不必要に大量に仕入れても無駄になりますし支払も増えます。ですから、適切な量の仕入を実現するために、どれくらいの量を使うのか。残りはどれくらいなのか。そういったことを確認（モニタリングともいいます）して、それをもとに「じゃあ、これくらい材料を仕入れておくほうがいいな」「来月はこれくらいのお客さんが来そうだけど、もう少し多くのお客さんに来てほしいから、宣伝のチラシをつくる予算を用意しよう」というふうに、いろいろなやりくりが発生します。当然、お客さんがいっぱい来るようになって儲《もう》かってきたら、店員さんの人数も増やす必要が出てくるでしょう。すると、勤務シフトのやりくりも出てきます。

このように、マーケティングや労務などいろいろとマネジメント（＝やりくり）を考えるという仕事が増えていくと、当然それ専任の人に任せないと手が回らなくなっていきます。ビジネスが順調に伸びれば伸びるほど、仕事の量（取引量。「トランザクション量」ともいいます）が増えます。人手が不足してそれを補うためにさらに人手を増やして、そしてどんどん手分けをして個々人の仕事の負担を減らそうという動きが作用します。いわゆる「分業」の推進です。

分業と支援業務の増加

このように取引量の拡大が規模の拡大を招き、そしてそれが分業を推し進めていきます。次第に「誰かの仕事を支援するのが自分の仕事」という人が増えていきます。社長の代わりにお金のやりくりを考える人、コックさんの代わりに材料を仕入先に発注する人などなど、自社のビジネスの売上に直結する直接的な顧客を相手にするのではなく、社内顧客《インターナルカスタマー》の問題解決支援が役割という人がどんどん増えていきます。ここで問題になってくるのが、いわゆる「サイロ化」と呼ばれる現象です。言い換えると「部署間の断絶」です。

分業がもたらす「断絶」とＩＴによる解決への道

分業が進むということは、それぞれの役割が特化していくということです。「あれもこれもやる」という状態から、「自分たちはこれを集中してやります。それ以外は他の人たちにお任せします。」という方向へどんどん進んでいくということです。つまりそれぞれの部署・部門・担当ごとに「専門化」が進んでいきます。その結果、最終成果の実現に向けて流れていく仕事の連鎖としてのプロセスは、どんどん細かく分解されていきます。これ自体は悪いことではありません。しかしここで問題になってくるのが、連鎖において重要な要素のひとつである「情報」の取り扱いなのです。

ひとりでラーメン屋さんをやっていたら、どんなお客さんが何を注文したか。今自分は何をつくっているのか。残りの注文は何か。材料はどれくらい残っているか。明日届く材料は何でどれくらいか。今日の売上はいくらで、今月の家賃や光熱費などの支払はいくらか――すべて把握しています。ですから自分のための覚え書きとして何かに書き残すことはあっても「情報としてしっかり管理する」ということに関しては、几帳面かどうかというような性格にまつわる面はあれど、実務で困らなければさほど気にすることもありません。

しかし人気店になりお客さんがひっきりなしに来店するようになると、注文を取るのとできあがったラーメンをお客さんにお出しすることを専門とするホール係や、レジ専門の担当、そして調理場においてもラーメンを茹《ゆ》でる人、トッピングをのせる人などのようにどんどん分業が進んでいきます。すると「これ何番テーブルさんに持っていったらいいの？」「この塩ラーメン、サイズは大盛り？　普通？」「半熟卵のせるの？」などのように、伝達すべき情報に不備があるとそれを確認するためのやり取りが発生していきます。つまり

分業が進むほど、情報伝達が不可欠になる

のです。ですので「ちゃんとコミュニケーションをとって、連絡がスムースにいくようにしよう！」などといわれるようになります。つまり人と人の間のやり取りがどんどん複雑化していくのです。複雑なことというのは面倒くさいものです。そして人は面倒くさいとついつい後回しにしがちです。あるいはギリギリまで放置しがちです。ただでさえ自分の仕事が忙しいので、他人のために情報をちゃんと伝えなければならないということが理屈でわかってはいても、手が回らないという目先の気分にどうしても引きずられます。その結果、プロセスの中で情報伝達の遅延が起こりはじめます。この遅延に伴っていわゆる情報のＱＣＤ[注1]が悪化していきます。その結果、プロセス全体の停滞や滞留が頻発してしまいます。ことがここに及ぶと**「問題解決」と称して、それを補完するための余分な仕事を追加する傾向があります。つまり忙しいところにさらに仕事が追加されてしまうのです。**そうすると、追加された仕事をやる手間に追われて、なおさら目に見えない情報の扱いが劣化します。このネガティブな現象がスパイラル化して強化されることで部署間の断絶、俗

注１　クオリティ・コスト・デリバリーの頭文字の略。ここでは情報伝達における内容・確認の手間・伝達までの時間と考えると良いでしょう。

にいう「サイロ化」「タコツボ化」がはびこるようになります。

その結果、部署内に閉じた最適化を行うようになり、個人の頑張りが吸い取られていく構造ができあがってしまいます。その行く末は

- 無気力化
- 責任の曖昧《あいまい》化
- 生産性の低下
- 長時間労働の常態化
- 高コスト体質化
- 利益率の低下

です。そう、「うんざりワールド」のできあがりです。

そして最終的には「顧客が離れていく」ことになり、売上が得られなくなって、コストをいくら絞ろうとも利益が出ない体質になります。当然ながら立て直すための投資もできなくなっていきます。

ではこれらの問題の原因は何なのでしょうか。これではまるで顧客の支持を得て取引量が増えたことが悪いように思えてきます。でもそれは違います。顧客が増えるということは、需要に応えているということです。何らかの困りごとの解決に貢献することに成功しているということです。だからこそ対価＝売上を得ることができている・いたのです。ではそれに応えるために分業したのが悪いのでしょうか。ひとりでこなしきれないことを複数の人で手分けすることが悪いとも思えません。何が駄目なのでしょうか。そうです。分業に伴う「情報伝達」を面倒くさがってちゃんとやらないことが原因なのです。ですが、では「面倒くさがらずにちゃんとやれ！」という精神論でどうにかなるのでしょうか。そんなことはないから「サイロ化」に至るのです。どうすればいいのでしょうか。

問題の原因は分業に伴う「情報伝達の不備」でした。情報の扱い方です。情報の扱い方に関するものといえばＩＴです。ＩＴのＩはインフォメーションのＩです。インフォメーションとは「情報」です。ＩＴを訳すと「情報技術」です。人間の精神論で駄目ならＩＴの、機械の仕組みで情報伝達の問題を解決できないのでしょうか。結論からいうと、できます。そこで重要になるのがプロセス設計の一環としての**「情報ニーズの把握」**と**「情報設計」**なのです。

「情報」とは何か

「分業」とそれに伴う「情報伝達の不備」が、「うんざりワールド」の隠れた悪玉であることがわかりました。その悪玉をやっつけるにはＩＴが有効です。しかしＩＴを単なるコンピュータによる省力化・自動化の道具として捉えていると、「人間より融通がきかないけど決まった仕事は早くて正確」、程度しか活躍させることができません。そこで鍵となるのが「情報ニーズの把握」と「情報設計」なのですが、では情報とは何なのでしょうか。

「情報」という言葉のはじまりは諸説あるようですが、軍事用語の翻訳から来ていて「敵情の報告」の略とされているようです。仕事においては敵というよりも「相手についてのこと」と考えれば良いでしょう。具体的には次のように6W3Hで整理できます。

- いつ（WHEN）
- 誰が（WHO）
- 誰に（WHOM）
- 何を（WHAT）
- どこで（WHERE）
- なぜ？（WHY）
- どのように（HOW）
- どれくらい（HOW MANY）

おいくらで？（HOW MUCH）

たとえば、またまたラーメン屋の話の繰り返しになりますが、お客さんが何かを注文したいと思ったら、何が注文できるのかを知る必要があります。つまり「この店で注文できるのは何か？」「その価格はいくらか？」「量はどれくらいか？」などがわからないと注文できません。言い換えると「顧客が注文する」という活動によって「注文」という成果をアウトプットしようとする場合の材料として、「お品書きという情報」が必要ということです。つまり「注文する」という仕事は**「お品書き」という情報に対するニーズ**を有していることになります。

そして顧客が無事に注文できたとして、その注文がキッチンにいるコックさんに伝わらなければどうなるでしょうか。「何をつくればいいのか？」「いくつつくればいいのか？」がわからないと、「調理をする」という活動ができません。つまり調理をするという仕事は**「注文」という情報に対するニーズ**があります。同じように、コックさんがつくったラーメンをホール係の店員さんが顧客にお届けしようとしても、「何番テーブル（どこ）に、何を持っていけばいいのか？」がわからなければ無事に配膳をすることができません。

このように、実は**仕事において「情報を必要とする」ケースは非常に多い**のです。ということはその情報のニーズを満たさなければ仕事が円滑に進まないということです。ですから必要な情報を提供する＝情報伝達をしっかりと行う必要があります。

しかしせっかくコンピュータを使っていても、多くの場合、この情報伝達の方法が相変わらずアナログのままなのです。アナログとはどういうことか。つまり肉声のやり取りと記憶に頼るか、紙の受け渡しを行うか、です。これは全員の机の上にパソコンが並んでいてもプリンタから紙を印刷して受け渡しをしているようなら、情報伝達は紙を前提とした「複写」と「転記」を前提に行っているのと何ら変わらないのです。単に手書きよりもきれいに書類がつくれるだけで、コンピュータが単なる電子文房具に成り果てているのです。

これは電子メールで送受信していても同じです。あるいは共有フォルダでファイルを共有していても本質は変わりません。つまり、**元の情報が変更された場合に変更が伝達されるには、別途新しい情報伝達プロセスを人間が実行しなければならない**ということです。ということは誰かが変更したら、その仕事から見てプロセスの後仕事に該当する仕事（を行う人）はすべて変更された情報をあらためて伝達するという手間をこなさなければならないのです。確かに紙の手紙より電子メールのほうが届くのが早いとか、電話だと内容が残らないけどテキストだと残るから便利というようなメリットはありますが、「うんざりワールド」の原因となっている「情報伝達って面倒くさいよね」ということを抜本的に変えるには力不足なのです。

「ＩＴが当たり前」とは

そこであらためて「ＩＴありき」でプロセスを設計するとはどういうことかというと、**ＩＴが当たり前にやってくれることを大前提にする**ということになります。それはつまり

情報がデジタル化によって
一元化・共有化されて
リアルタイムで瞬時に情報伝達される

ようになる、ということです。もっといえば、そういうふうに今どきはできるのだから、それを前提にプロセスを設計しようということです。つまり

- **一瞬で情報がみんなに伝わる**
- **欲しい情報は最新のものが常に得られる**

ことが当たり前のプロセスにする。そうすると、誰かが仲介役として右から左に届けなくてもよくなります。メールを送ってから「今、メールを送ったんですけど届いてますか」などと電話で確認するというような二度手間もなくせます。

それを踏まえた上で、もうひとつポイントがあります。それは

基本形をＩＴで完結させることを目指す

ということです。先ほど例外処理の話をしました。まず基本形をしっかりつくるべしというこことを伝えました。その基本形を設計するにあたって、

「人間ありき」ではなく「システムありき」

で考えることがＩＴの恩恵に浴するための重要なポイントになります。どういうわけだか、ＩＴを導入して楽になりましょうという話になると、「面倒くさくてややこしい例外処理はコンピュータにやらせたい」「人間は単調なことを黙々とやっていれば済むようにしたい」と現場の声の大きな人が言ってプロジェクトがスリップ（空転）しているケースに出会うことがたびたびあります。しかしこれらは本質的にナンセンスで、それぞれが苦

手なことをやろうとしているのです。

○コンピュータが得意なこと

- 定型処理（決まりきったこと）を
- 超高速で、正確に、大量に、何時間でも繰り返す

○人間が得意なこと

- 非定型なことを
- 何とかうまく乗り切る

のであって、たいていの人間は「低速で、不正確（どうしてもミスが出る）で、こなせる量にも限界があって、何よりも同じことを何時間も休みなく繰り返すなんてのは絶対に無理！」なのです。ですから餅は餅屋に、のノリでコンピュータの得意なことはコンピュータに任せればいいのです。

情報伝達とIT

これではパソコンを使っていても、情報伝達はまだアナログのまま（単なる電子文房具のレベル）

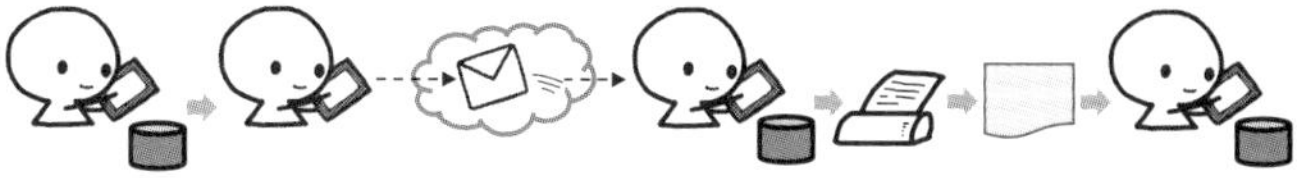
ファイルを作って
メールして
メールで受け取ったファイルを編集して印刷して渡して
印刷された紙を見ながら別のファイルを作って…

手書きからパソコンに変わったことで資料が綺麗になっているだけで、「複写する」「転記する」という
仕事を前提とした全体のプロセスは昔と変わらない。
だからコンピュータ化したのに、仕事の能率が上がった気がしない。

ITとは情報伝達をバケツリレーから“リアルタイム共有”に変えること！
＝全員が一瞬で同時に同じ情報を共有できる→「伝達する」という仕事の消滅へ！

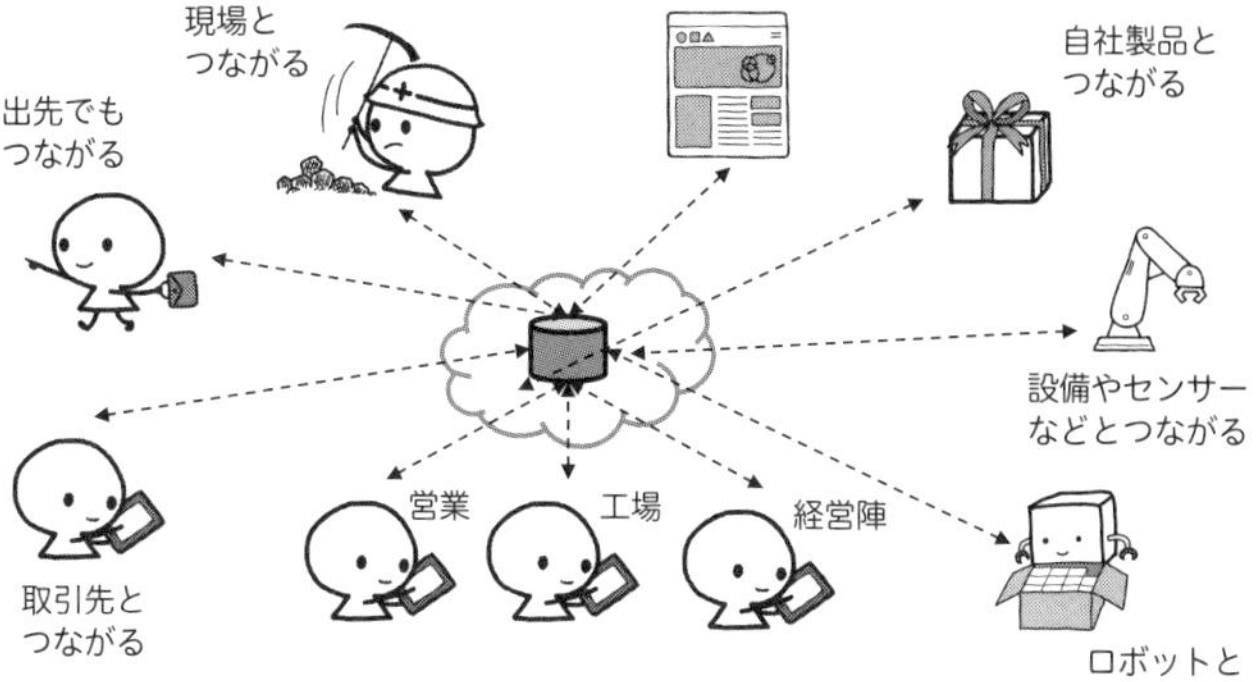
ホームページを通じて世界中の顧客とつながる
出先でもつながる
設備やセンサーなどとつながる
社内はもちろんのこと
ロボットとつながる

ですから「例外処理のない基本形」こそコンピュータに全部任せるにはどのようにプロセスを設計すればいいかという観点で考えるべきで、どうしても事前に想定してシステムに組み込めないような例外処理を人間が助けてあげるというスタンスに立つほうがいろいろと幸せになれるはずです。

見た目の仕事は増えることもある

このように「コンピュータありき」「システムありき」「ＩＴありき」でプロセスを考えると、特に現在行っている業務がある場合や、いわゆる「既存業務の可視化（見える化とかビジュアライゼーションともいう）」を行っている場合に、新しいプロセスのほうが見た目上は仕事が増えていることがあります。

というのは、先述のとおりコンピュータは小難しいことはできません。定型処理を高速・正確にさばくほうが得意です。ですので、

○従来は、担当者がひとりで判断処理を2時間かけて行っている
↓可視化した業務フロー図上の仕事の数は1つ

○新プロセスでは
● 判断処理前チェックをコンピュータで実施（5分）
● チェックでエラーになったデータの修正作業を人間が行う（30分）
● 判断処理をコンピュータで実施（5分）
↓可視化した業務フロー図上の仕事の数は3つ

となり、新プロセスのほうが仕事が増えて効率が悪くなるかのように見えがちです。ところが実際の所要時間で見ると明らかに新プロセスのほうがターンアラウンドタイムが短縮されていますし、担当者の負荷も軽減されています。これは、従来の仕事がいろんなことをいっぺんにやっていたのを丁寧に分解して、コンピュータで済ませられることと人間の手が必要なことに「分業」をした結果です。先ほどの話の分業がもたらす断絶のせいで、

分業が諸悪の根源のように感じられている方もいるかもしれませんが、分業そのものは決して悪いわけではなく、分業に伴って発生する情報伝達が機能しなくなるのが悪玉なのです。ですから、得意を担う形で分業をするのは本質的に良いことです。にもかかわらず、一見すると新プロセスのほうが悪くなるかのように感じられてしまうのは、「可視化の罠《わな》」と呼ぶ現象によるものです。

可視化・図式化に効果があることは重々承知の上でも、オフィスワークやインフォメーションワークというものは、工場の工程のように設備の一部として工程に人員が張り付いて同じ作業を反復するのとは異なり、あれをやりながらこれを並行でやったり（するから「リソースデッドロック」という問題が発生するわけですが）、あちこちで見えない情報伝達の滞留《たいりゅう》ポイント（営業さんの胸ポケットの手帳に書かれている案件状態とか）などがあって、図面上の解釈だけで判断するのは難しいことも多いのです。ですから仕事の数だけを判断基準にするのは正直、危険だと指摘しておきます。最終成果を顧客に提供するということから目を離さないことが重要なのです。

コラム

現状業務の可視化の是非について

この商売に携わるようになって30年以上。かれこれ20数年以上もの間、既存業務の可視化に取り組んできました。その経験からあえていうと「ＩＴを活用するにあたって、既存業務の可視化は労多くして功少なし」というのが正直なところです。理由はいろいろとありますし、正直書きづらい内容も多々あります。なのでざくっとはしょって丸めていうと「『うんざりワールド』を保全する雰囲気を強化するほうにつながりやすい」ということです。現状追認で終わってしまいがちなのです。

おすすめしているのは既存業務の「最終成果一覧」を作成することです。まずはこれをしっかりつくって、そもそも各々の最終成果が本当に必要なのか、なしにできるのか、従来とまったく同じままでいいのか、改良したほうがいいのか。それをしっかり整理してから、新プロセスをつくっていくにあたって「どうしても既存の業務をしっかり押さえておきたい」「押さえておかないとまずいかも」、と判断したところだけ必要なら可視化するというのが今のところは一番効果が得られやすい取り組み方だと判断しています。

さて、ここまでの話を踏まえて、ここで感じていただきたいのは「ＩＴというのは、情報伝達の問題を一気に解決してくれる便利なパートナーである」ということです。つまり単なる道具として捉えるのではなく、仕入先のような「取引先」あるいは

「情報伝達代行および定型処理代行部門」

というひとつの組織だと考えるのが良いということです。

ですから、いわばそういういろんなことを代行してくれる「ＩＴくん」に、どんな仕事

を任せたいのか・引き受けてほしいのかを明確にする必要があります。新しいプロセスを設計するときに「ITありき」で考えるということは、「ITくん、君にこういうことをお願いしたいんだ」ということを同時に考えて明確にすることが必要ということです。具体的には、

- いつ実行してほしいのか
- 何をどうしてほしいのか
- 実行した結果、何がどうなることを期待しているのか

を明確にします。たとえばまたまたラーメン屋にて、テーブル上のタブレットで顧客自身がセルフで注文できるようにしたいとして、

- お客さんが注文したとき
- 注文データをもとに調理指示を出してほしい

● その結果、コックさんが、すぐに調理に取りかかれるようになる

といった形です。ITくんというサービスの顧客として自分は何をしてほしいのか。いわばITくんに対する顧客としての自分のニーズを明確にすることを意識して設計してみてください。このとき、技術的なことは考えなくても構いません。それを具体的に考えるのは、ITを実現するエンジニアの仕事になります。

ただし、ニーズは全部が実現できるわけでもありません。実際にエンジニアなどのITのプロ・専門家に任せるには実は丸投げしづらい現実があります。ITの恩恵に浴するためにITのプロにどうやって依頼すればいいのか。そこで必要になるのが次章で解説する「**要件定義**」なのです。

第3章

ＩＴを味方にするための要件定義をしよう！

IT要件定義の攻略地図

システム開発の流れ

ITをうまく活用するには、コンピュータに適切な仕事をやらせることが重要です。そのためには人間がプログラミングという仕事をする必要があります。しかし、簡単にプログラミングができるようになるかというと、これが結構難しいのです。正確にいうと「プログラミングだけなら比較的簡単だが、実用レベルにするにはプロとしてのスキルが必要」ということです。

たとえば簡単にプログラムが動作不良を起こして、保存したはずのデータが消えたり勝手に変わったりしたらどうでしょうか。モバイルだクラウドだといっても、出先からスマホでデータを見ようとしても全然つながらないとどうでしょう。セキュリティだったり反応速度（レスポンシビリティともいいます）だったり、実際に「当たり前」に使える状態にするには、気を配らないといけないポイントが非常に多く存在します。

それらを全部素人がクリアしようとすると正直、大変です。ですから、餅は餅屋でやはりプロに頼むのが安心ということになります。ここでいう「プロ」というのは社内の情報システム部門だったり外部のソフトウェア会社だったりさまざまですが、**何にせよ、自分ではない誰かに依頼する**ということです。

本当ならそこでお客様気分で「丸投げ」して期待通りのソフトウェアを作ってもらえれば良いのですが、残念ながらなかなかそううまくはいきません。ではどうしてうまくいかないのでしょうか。それを考えるにあたって、まずはソフトウェア開発の流れについて、プロはどのような仕事をしているのかをざっと概観しておきましょう。

ソフトウェア開発というのも「プロセス」です。プロセスということは最終成果を出すためにいくつかの仕事が連鎖しています。では「最終成果」とは何か。それはソフトウェアの集合である「システム（系）」です。システムとは「個々の要素が有機的に組み合わされた、まとまりを持つ全体・体系」のことであり、「コンピュータで組み合わされて機能しているハードウェアやソフトウェアの全体」を示します。後ほどあらためてシステムについては触れますが、ここでは最終成果としてのシステムを作るということを「システム開発」と呼びます。

繰り返しになりますが、システム開発とはプロセスです。最終成果は「ちゃんと使える状態になったシステム」です。ではそれを得るために何をすればいいのでしょうか。それを逆算《バックキャスティング》して考え、そして必要な仕事をはじめから時系列に並べ直すと、おおむね次のような仕事の連鎖になります。

①要件定義
……どんなシステムを実現すればいいかを定める

②アーキテクチャ設計
……そのシステムを実現するために何が必要かを考えて、その組み合わせを決める

③ **システム設計**
……組み合わせの上でどのようにプログラムを動かすかを考える

④ **プログラミング**
……実際にプログラミング言語を用いて、ハードウェア上で動くプログラムを作る

⑤ **テスト**
……プログラムが①で定めたとおりに動作することを確認する

⑥ **移行**
……本番用のハードウェアを構成して、そこで各プログラムが動くように配置し、プログラムの動作に必要なデータを用意する

⑦ **本番リリース**

それぞれは、たとえば③の**システム設計**をさらに細かく「基本設計」「詳細設計」あるいは「外部設計」「内部設計」などと分割したり、また⑤の**テスト**を「単体テスト」「結合

テスト」などなどと細分化することもありますし、①から順番に全部揃ったら次のステップに進むという形で進めたり、小さな範囲ごとにシステムで実現したいことを決めてどんどん進めていくという方式を取ったりしますが、間違っても、とりあえずプログラミングをしてから要件定義をするなどと①〜⑦までを適当にデタラメにやってうまくいくということはありませんので、おおむねこういう流れで進めていくのだと理解しておけばよいでしょう。

これらを見ると、システム開発とは単にプログラミングをする、つまりプログラムを作るだけではないことが想像できます。特にプロがいろいろと工夫をするのが②や⑥です。

システムとアーキテクチャ

ここで少し「アーキテクチャ」について触れておきます。アーキテクチャとは「構造」という意味です。ではシステムのアーキテクチャ、つまりシステムの構造とは何でしょうか。先述のとおり、システムとは「コンピュータで組み合わされて機能しているハードウェアやソフトウェアの全体」です。つまり、コンピュータやネットワークをどのように組み合わせて、それぞれの上で各々がどんなソフトウェアを動かせばいいのか、という全体の構造をアーキテクチャといいます。ですからアーキテクチャも詳細にはハードウェアアーキテクチャ（ハードウェアの構造）やソフトウェアアーキテクチャ（ソフトウェアの構造）に分かれますし、それぞれ密接に関連し合いながらいろんなことを定めていく必要があります。

アーキテクチャは性能や障害対策やセキュリティなど、ユーザにとっては「ちゃんとしてて当たり前」「全然興味なし」「ただし、トラブルがあったらものすごく困る（し怒る）」内容に大きく関わっています。システムを使って実現したい仕事が達成できるようにしないといけませんし、一方で「何事もなくて当たり前。何かあれば即マイナス評価」という要素についても配慮しなければならないため、ちょっとプログラミングの知識があったとしてもそれだけでは目配せが足りない（足りなさすぎる）ことになりがちなのです。

ですから基本的にプロにお任せすればいいのですが、アーキテクチャの構造がシステム開発の難易度にも影響を及ぼし、予算や開発期間にも関わってくるということについては意識しておく必要があります。

プロに任せられないこと

さて、システム開発はプロセスだと繰り返してきました。プロセスとは仕事の連鎖です。何によって仕事が連鎖するのかというと、前仕事の成果が後仕事の材料として受け渡しされることによってです。システム開発のそれぞれの仕事もまた、材料を必要とします。⑦で**本番リリース**するには当然⑥の**移行**が完了していなければなりません。⑥の**移行**をしっかり行うには材料としてきちんと動作するということを確認し終わったプログラム、つまり⑤の**テスト**という仕事の成果が必要です。当たり前のことですが、最終成果から逆算《バックキャスティング》して仕事の連鎖を組み立てた結果がシステム開発のプロセスなのですから、それぞれの仕事の材料と成果は明確です。しかし、明確だからあとはプロにお任せすればいいはず……、とはならずになかなかうまくいかないシステム開発が多いのです。何がいけないのでしょうか。

実は、最終成果からずっと逆算していった連鎖をさかのぼった先、つまり①の**要件定義**における材料は何かということに行き着くのです。①の**要件定義**とは「どんなシステムを実現すればいいかを定める」という仕事です。では、これをＩＴのプロに丸投げするとどうなるでしょうか。材料がなければ成果を出すことはできません。ということは材料を「ＩＴのプロが自分なりに作る」ということになります。

ですが、そもそもどうしてシステム開発をしたいのでしょうか。そうです。

ＩＴありきのプロセス設計を具現化するために、システムを作ってほしい

のです。ここでようやく前章の話に戻ってきます。つまり

私たちは、ビジョンの実現を目指して仕事をします。
そのビジョンとは □ です。
私たちは、顧客に対してこのような価値を提供します。
□
これによって、顧客が □ に
なることを支援します。
そのために具体的に提供するものが
□
です。

というビジョン設計の結果をもとにして、

- **最終成果の一覧と、それぞれの要件**

を定義し、それを実現するための

ITありきのプロセス設計

を行ってきたのでした。そこでITくんにはこんなことをしてほしいという要求を揃えました。

- **いつ実行してほしいのか**
- **何をどうしてほしいのか**
- **実行した結果、何がどうなることを期待しているのか**

というITへの要求です。これを具現化したいのです。ですが全部を自力で行うのは困難です。だからプロにお任せしたいのです。

プロに任せるということは「依頼をする」ということです。依頼つまりリクエストという情報もまた仕事の成果です。つまりプロに任せるためには依頼内容をしっかりと考えて、しっかり過不足なく伝わるようにしなければならないのです。**自分たちがどういうふうになりたいのか。**これは他人に丸投げすることができないのです。

そこで重要になるのが「ＩＴの要件を定義する」ということなのです。

要件定義とは何か

要件《リクワイヤメント》という言葉は、前章でプロセス設計の折にも出てきました。「最終成果として認めるためにクリアする必要がある条件の略」、としての要件ですという説明をしました。プロセス設計においても最終成果の具体的な内容を「要件」と呼びましたが、一般に「要件」とか「要件定義」という言葉は特にＩＴにおける要件定義で使われます。

ＩＴのプロに依頼をして必要なシステムを作ってもらうということは、「ＩＴのプロがシステムを作る」というプロセスの最終成果は「できあがったシステム」ということになります。では、その最終成果である「できあがったシステム」では何がどうなっていてほしいのかということがはっきりしていなければ、作る側も何を作ればいいのかわかりませんし、依頼する自分たちの側もどんなものができあがるのか不安です。そこで「要件」として何を作るのかをまとめておく必要があります。

ここで少し補足しておくと、「**要求**」と「**要件**」は少し、しかし決定的に異なります。要求はまさに「求める」ものです。こんなことを実現して〝欲しい〟という依頼です。しかし現実にはさまざまな制約があります。冗談抜きでまだまだ現代の人類には不可能な要求（たとえば人工知能という言葉に夢を見過ぎているケースは多いです）もあれば、技術的には可能であっても、業界のレギュレーション（薬事法だとか特定商取引法だとか）的に無理だったり、何より一番多いのは予算（関連して、期間・納期や人員体制あるいは調達できるスキル）的に無理なケースです。そこで、要求をもとに各種の制約を鑑《かんが》みて実際の落としどころを決めることになります。とはいえ、この落としどころを作り手つまりITのプロの側が、依頼するこちら側を無視して勝手に決めるわけにもいきません。そこで、こういう成果を実現すればいいのですねという

〝双方の合意〟としての要件

をまとめる必要があるのです。つまり**要件とは依頼側と作り手側の間の合意事項**なのです。

要件定義の三点セット

では具体的にITの要件としてどういう内容を定義すれば良いのでしょうか。ここで意識すべき観点がふたつあります。それは

○作り手が何を作れば良いのか、しっかり把握できること
○できあがったものが、どのように利用者の役に立つのか把握できること

です。

世の中のＩＴプロジェクトの多くが要件定義の不備で迷走・停滞・頓挫《とんざ》・失敗に陥《おちい》っています。ですから特に「何を作ればよいのか」を明確にするという意味で、要件定義に注力しなければならないとあちこちでいわれています。そのため、このふたつの観点のうちの前者についてはここ数年でずいぶんと意識が変わってきたように感じられます。

しかし思い返してほしいのですが、そもそもどうしてＩＴのプロに依頼をするのかというと、自分たちの目指すビジョンと顧客ニーズの両立のために実現したい新しいプロセスにおいて、「ＩＴくんにやってほしい」ことがあるからです。それをＩＴくんにいわば躾《しつ》けてほしいのです。

　ということは、いくら依頼側と作り手が合意していたとしても、新しいプロセスにおいて私たち人間とＩＴくんとの分業がうまく成立しないと役に立たないのです。言い換えるなら、

ＩＴくんという新規の部門の提供するサービスのお品書き

を明確にするという意味が、要件定義にはあるということです。相手がＩＴだろうと人間だろうと、どんなサービスをしてくれるかわからないのは、やはり困ります。特に、サービスを受ける際に手続きが複雑で何をどうすればいいのかわからないようでは困ります。つまり、ＩＴをどう操作したら、ＩＴくんがこちらの期待するサービスを提供してくれるのかというのが不明瞭では困るということです。ですから要件とは

○作り手に対する指示書

であるのと同時に、

○利用者（ユーザ）に対する利用手引書

となることを意識する必要があるのです。

ですから、さあ要件定義をしましょう、ということになってＩＴのプロだけがわかる小難しい内容を並べて「はい、これが要件です。これを合意しましょう」と言われてもちょっとまずいのです。まずいというよりも、それを見て「あ、できあがったシステムをこう使えばいいんだな。そうすると自分の仕事はこうなるんだな」ということがわからないと困るのです。

しかし依頼側は基本的にＩＴの素人です。だからプロにお任せする・したいのです。なので、素人とプロが双方に納得できる合意事項でなければ、要件としては不十分です。素人寄りにし過ぎると作るために必要な情報が薄くなってしまい「こんなはずじゃなかった」になりかねません。一方で素人には難しくてわからないようなものでは合意のしようもありません。そこで要件定義においては次の要素が重要になります。

○ **利用者が、どういう操作をする必要があるのか**
○ **ＩＴくんが、何をどうしてくれるのか**
○ **ＩＴくんが、どんな情報を扱ってくれるのか**

です。これをＩＴの構成要素と照らし合わせると、次の三点セットについて合意するのが要件定義で大切なことになります。すなわち

○ **ＵＩ（ユーザインターフェイス）**
○ **機能**
○ **データ**

です。

ＵＩとはユーザインターフェイスの略です。利用者《ユーザ》に接する面（接面《インターフェイス》）です。現在のＩＴにおいては圧倒的に多いのが画面です。あとは印刷した紙や、最近では音声やジェスチャなどもＵＩです。本書では、このあとは大多数を占める画面を前提に話を進めていきます。

機能とは、ＩＴくん・コンピュータが行う仕事です。仕事とは何かというと、活動と成果からはじまってあれやこれやであるという話をしました。いわゆるプログラムのことだと考えても差し支えありません。

そしてデータです。データとは情報を構成するものです。情報《インフォメーション》とは何かについては、分業と情報伝達についての話で触れました。これについてももう一度確認してください。

これらの三点セットについて、きちんと定義していくのが要件定義という仕事になります。では、どのように進めていくのか。その手順について見ていきましょう。

混ぜるな危険

まず、プロセス設計した第1層と第2層（119ページの図参照）について、どこをITくんに任せるのかを決めます。そして「今から、この仕事についてのITの要件を定義するぞ！」と決心します。何を言ってるんだ？　とお思いになるかもしれませんが、実はこれは非常に重要なことです。このことを「スコープ設定」といいます。スコープとは範囲を意味します。

実は要件定義という仕事は、例によって面倒くさいのでたいていの人はすぐにはしょろうとしがちです。はしょろうとすると、あれやこれやをいっぺんにまとめて解決しようとします。そして、まとめるために見た目上の対象数を減らそうとします。そのためにどうなるかというと、「これとこれはよく似てるから、ひとつにまとめると要件定義やプログラム開発の〝効率が良くなる〟だろう」というふうに発想します。ですが、これは素人考えです。ぶっちゃけ、絶対にやってはいけない悪手です。

ソフトウェア開発には分割統治という大切な原則があります。KISS（Keep It Simple, Stupid. の略。「単純にしておけ！ この×××野郎！」の意）とも呼ばれます。シンプルな状態を維持し続けるように分けて把握しましょうということです。シンプルなものを混ぜ合わせてしまうと複雑になります。複雑なものは扱うのが難しくなります。難しいものを扱うのは面倒くさいです。面倒くさいのではしょろうとします。しかし今度はまとめて見た目の数を減らすことはできません。するとどうするか。かけるべき手数をはしょろうとします。その結果、雑な扱いになり、品質が下がります。そして、後仕事に不十分な材料を送ることになります。それはGIGO（Garbage In Garbage Out の略。「ゴミを入れればゴミが出る」の意）な仕事を引き起こし、その尻拭いをする仕事をむやみに増やしていき、プロジェクト全体をいとも簡単にマネジメント不全な状態に陥れ、ごく短期間の間に「うんざりワールド」化を果たします。数が多いから面倒くさい。だから「効率良く」と称してはしょった結果、別の問題を招来し、あげく本来やる必要のなかった仕事を増やすのです。

そもそも、パッと見て似ているという判断自体が間違っています。というのは、たとえば「請求書を作る」と「作った請求書を承認する」という仕事があったとして、請求書という情報自体は同じであっても、

- 担当する人が異なる
- 求められている成果の要件が異なる
- 当然、やるべき活動が異なる

のです。つまり

仕事としてまったく別物

なのです。もしまとめられるのであれば、それはITの要件ではなく、そもそもの仕事自体をまとめるべきでしょう。このような考え方ができないのであれば、それはプロセス設計のスキルがまだまだ未熟なのです。ITの要件定義に手を出す前に、まずは自分たちの仕事をしっかりと設計できるようになる必要があります。そうでないとITのプロとの合意形成どころではないからです。

というわけで、非常にキツい言い方をしていますが、くれぐれも、絶対に、適当な気持ちで複数のIT要件を混ぜることは避けましょう。そのためにも「今から、この範囲について考えを進めていくのだ」ということをしっかりとまずは意識しましょう。

UIと操作手順を考える

要件を考える対象の仕事を定めたら、まずは操作手順を考えます。これは前章（115ページ）で説明したプロセスの三層構造における第3層にあたります。基本的には、

● 利用者の仕事をITくんが支援する

のですから、ユーザのやりたいことがサクッとできなければ実際に仕事をするときに困ってしまいます。あくまでも利用者の仕事のためのITくんなのです。

しかし一方では、

● ITくんの仕事の材料を利用者が入力してあげる

必要があるのも事実です。基本的にＩＴくんは受け身なので、人間の側が働きかける必要があります。つまり人間側の操作がＩＴくんにとっては前仕事になるのです。人間が操作するという活動の成果を画面越しにＩＴくんが受け取って、そしてＩＴくんがその材料をもとに仕事をした成果をまた画面越しに人間が受け取って、そして画面越しに受け取ったものを材料としてまた人間が後仕事をして……という仕事の連鎖が、実は操作手順となるのです。利用者からＩＴくんへ、ＩＴくんから利用者へ、渡す→受け取る→仕事をする→渡す、をお互いにやり取りし合うイメージで組み立てます。ですので、これを言い換えるなら、

利用者とＩＴとの分業における情報伝達の流れを設計する

のが操作手順を考えるということになります。ちなみにこのやり取りの流れのことを

インタラクション（相互作用ともいう。inter-action）

と呼びます。

さて、ここでしっかりと考えたいのが

利用者とＩＴの間でやり取りするデータすなわち項目

です。利用者が仕事をするためには、材料が必要です。その材料となるデータが画面に表示されないと利用者は困ります。だからこういう項目を表示する必要がある、ということになります。逆に、ＩＴくんが仕事をするためには材料が必要ですが、そのためのデータは入力してもらわないといけません。ではそれは具体的にどういう項目になるか、を定めていくことになります。この一連の流れは、

結果的に画面遷移の設計につながる

ようになります。そしてこの一連のデータのやり取りによる仕事の流れもまたプロセスです。仕事の連鎖です。ということは逆算《バックキャスティング》で考えることが大切です。ではこのプロセスの最終成果は何かというと、この操作手順という一連のプロセスをひとつのまとまりとした仕事の成果、つまり上位層の仕事の成果が最終成果です。つまり

第2層の仕事の成果が第3層＝操作手順の最終成果

ということになります。

ですから「よし、今からこの仕事について要件定義をするぞ」と要件定義という仕事を行う際のスコープ設定をしたら、その対象となった第2層の仕事は当然ながら成果の定義がされている必要があります。でないと第3層の最終成果つまりゴールがはっきりしなくなって、何を目指してITを操作するのかが不明瞭になるからです。そうなると当然ながらできあがるものは使い勝手の悪いものになって、実際に利用した際にうんざりしてしま

います。そうならないように、実際の仕事に役立つ操作手順を設計しましょう。そして、必要なデータ項目とそのやり取り＝画面遷移がまとまれば、

各画面ごとに適切な項目配置《レイアウト》を行います

これがいわゆる

UIデザイン（あるいは画面設計）

になります。必要な項目を適切に配置する。そしてさらに視認性（見やすさ）や操作性（使いやすさ）を考慮して、最適なＵＩになるように詳細を設計するのがＵＩデザインです。

昨今ではＵＩデザインが重要だということがいわれます。これはまったく正しいのです

が、「UIデザイン」イコール見た目となっていきなり美麗な見た目をUIデザイナーさんに描いてもらう作業に着手しがちです。しかしUIデザイナーさんがUIデザインを行うというのもひとつの仕事です。この仕事の成果はデザインされたUIになりますが、その成果を出すための材料は何かというと「そのUIを使ってどんなふうに仕事をしたいのか」ということになります。それはつまり

第2層までのプロセス設計がしっかりとできている

ことが大前提ということです。それをはしょってUIデザイナーさんに依頼しても、結局「今回のビジョンは何ですか?」という問いをUIデザイナーさんが発するところからになってしまいます。繰り返しになりますが、自分たちの実現したい仕事を設計するのは自分たち自身で行うしかありません。プロの助言は期待してもよいのですけど、自分自身が納得できないと助言を受け入れたり上手に活かしたりすることはできません。素人だからプロに丸投げしたい。その気持ちはよくわかります。しかし「自分が担当する仕事のプロ

は自分自身」なのです。その

プロの自分の、プロとしての仕事を
ＩＴにどのようにサポートしてほしいのか

をプロの見識で明確にできるのは、やはり自分自身になってしまうのです。未来の自分の仕事をもっともっとよいものにしてあげるために、ぜひしっかりと考えていただければと思います。

例外処理のこと

前章でプロセス設計の話の折に例外処理について触れましたが、ＩＴについての要件定義ではとかくこの例外処理の話が増えがちです。ですが、前段の繰り返しになりますが

例外が一切ない場合の基本形

をまずしっかりと確定させることを優先しましょう。それからバリエーションとして、「こういうケースもある」「もしもこういう事態が起こったときのために」ということを付け加えていくようにしましょう。

そして例外処理については、ITの側というよりもそもそものプロセス設計の時点で第2層や第1層をバリエーション別に分けたほうがわかりやすくなることも多いです。少しプロ向けの言い方に変えると

ユースケース（利用の場合）が異なる

となります。異なるユースケースを混ぜるのはKISSに反します。「混ぜるな危険」の話を思い起こして、何でもかんでも例外処理と称して一箇所にぶち込む事態に陥らないよ

うに注意しましょう。

機能とデータを考える

　操作手順を設計したら、それに伴う入出力のデータが定まることになります。これをもとに今度は機能定義すなわちＩＴくんの仕事を設計していきます。機能定義というと何やらいかつい印象を受けますし、プログラミングの専門知識がないとできないのではないかと思われがちですが、あくまでも「仕事を設計する」と考えれば十分です。繰り返しになりますが、その仕事をプログラムという形に変換するのはプロに任せればよいのです。大事なのは「何をやってほしいのか」を明確にするということです。具体的にはどうするのかというと、次のテンプレートを埋めていきます。

ITくんは［　　　］を［　　　］します。

ここでのITくんは、システムでもコンピュータくんでも構いません。とにかく主語をユーザにしないこと、言い換えると何をどうするのかという言葉が決して受動態にならないように強く意識することです。たとえば、

ITくんは
↓ 顧客からの注文 を システムに保存 します。
↓ 注文内容 を 営業さんに通知 します。

のようになります。この例のように、ひとつの活動に伴って複数の成果が出る場合もありますが、これはたいていは

- 人間（そのときのユーザ以外を含む）向け
- データベース向け
- 他のシステム向け

のいずれかに分類されて、それらの相手先が複数必要なときに現れます。データベース向けはさほど気にしなくても大丈夫です。プロにとってデータベースは手慣れたものですから、任せても大丈夫です。また実際に利用しているユーザに対してどのような成果を渡すのかというのはすでに操作手順で判明しているので、これもプロの側は迷わずに済みます。しかし操作手順に現れない人間向けや他のシステム向けというのは、プロとはいえしょせんは部外者ですから想像がつきづらいので、意識して明確に書き出しましょう。

また、多くの日本人はＩＴくんが何をどうするのかということを当然ながら日本語で書くのですが、ここでよくあるのが動詞を明確にしないという問題です。つまり

ＩＴくんは
↓「注文保存処理」を実行します。
↓「注文通知実行」をします。

などのように何をどうするのかを名詞化してしまうのです。その結果、さも「注文保存処理」や「注文通知」というものがしっかりと存在するかのような錯覚を起こします。もっともらしく見えるのです。しかし、これを受けて実際にプログラム開発などをする段になって「ところでこの注文保存処理って〝具体的に〟何をどうするんですか?」「注文通知って〝具体的に〟何をどうするんですか?」という疑問・質問・問い合わせが多発するようになります。そこであらためて確認をしてみると、実にふわっとしていて「結局、具体的なことは何も考えていなかった」というケースが非常に多いです。うまくいかないプロジェクトの大半がこの問題を多発させています。

これに加えて、実際のトラブルの温床となっているのが「否定表現の乱用」です。たとえば

- 「営業日でなければ」
- 「20歳未満でなければ」

● 「3日以上は必要ない場合以外に行う」

などです。これらは

● 「営業日とは、具体的にはどういう条件を満たしたものなのか」
● 「20歳以上である。それだけで良いのか」
● 「いやこれ、結局何がどうなったときに行えばいいんですか？」

などの疑問が生じるのです。これらと組み合わせて

● 「○○を行わない」
● 「○○処理は実行しない」

のような表現も非常に多いのです。「何をやらないのか」はあっても、では結局のところ

何をすればいいのかがまったくわからないのです。これではＩＴくんに仕事をさせようがありません。

そして実はこの問題は、ＩＴうんぬん以前にプロセス設計でもまったく同じ問題を抱えています。何をどうすればいいのかわからない仕事が非常に多いのです。それらを「いちいち言わなくてもわかるだろう。それくらい常識！　当たり前！　必死さが足りない！危機感が足りない！」などと、配慮と丁寧さの不備を棚に上げて「先輩の仕事は見て盗め」などとやってきたということです。これまでは従順な後輩を相手にするだけでしたので、それで通用してきたのかもしれません。しかしこれからの時代は、ＩＴくんを活用していかなければなりません。ＩＴくんにそのような精神論など通じるわけもありません。そこで「ＡＩが発達したら」などという期待をする向きもあるようですが、そういう不合理なことを発達したＡＩが是とするでしょうか。非論理的な使えない人材として切って捨てられるだけではないでしょうか。ですから、

- 残業しない　→　定時に退社する
- 無理しない　→　1時間ごとに10分の休憩をとる

のように、具体的な行動ができるように定義しましょう。具体的に行動すれば必ず何らかの成果は出ます。成果が出れば改善の仕方も考えられるようになります。そのような行動を取るために、逆算《バックキャスティング》で前仕事として何をすればいいのかということに目が向くようになります。

ともあれ、ちゃんと丁寧に明確にひとつずつ定義する。

- **いつ**
- **誰が**
- **何を**
- **どうする**

のかを淡々と、しかしきちんと順序立てて揃えていく。そのためにも

○主語・動詞・目的語を明確にする
○能動態に揃えるように意識する
○否定表現は肯定表現に置き換える

ということを徹底的に行って、仕事（プロセス設計もＩＴの機能定義も）の設計を行いましょう。

また、ＩＴくんが行う仕事である機能もまたプロセスですから階層構造を持ちます。必要に応じて、

機能の内容のブレイクダウン

を行って詳細の定義をしていきましょう。

こうして、機能のひとつずつを定義していくと、そこで必要とされるデータが浮かび上がってきます。この必要なデータのうち利用者との入出力については操作手順の作成を通じて明確にしているわけですが、ITくんの側で保持しておいてほしい、あるいはITくんの側であらかじめ持っている前提（いわゆるマスター系と呼ばれるものに多い）のデータもあります。これらはシステム上のどこかで保持し続ける必要があります。その具体的な方法についてはプロにお任せ（データベース設計）すれば良いですし、ある程度はプロの側で推測も立ちます。とはいえ、こちらの意図として「こういうデータを持っておいてほしい」ということがあれば、機能定義にぶら下げる形で明記しておくとよいでしょう。その場合は、テーブル設計だとか何だかんだというような専門的な話は不要ですので

○この機能では、こういうデータが保存されている前提で、それを使うつもり
○この機能では、こういうデータを保存するようにする

（↓他の機能で使いたいから）

ということがきちんと伝わるようになっていればＯＫです。

ここまでで次のものが揃《そろ》ったことになります。まず、私たちは、なぜ・何を・どうするのか？　その結果、誰に何を提供するのかを明確にしました。それを行ったのがビジョン設計です。具体的には次の内容を定めました。

私たちは、ビジョンの実現を目指して仕事をします。
そのビジョンとは［　　　　］です。
私たちは、顧客に対してこのような価値を提供します。
［　　　　］
これによって、顧客が［　　　　］になることを支援します。

そのために具体的に提供するものが

**　　　　　　　　　　　**

です。

そしてこのビジョン設計の結果をもとにして、

● **最終成果の一覧と、それぞれの要件**

を定義しました。そしてそれを実現するためにやる必要のある仕事の集まりを定めるということを

ITありきのプロセス設計

として行ってきたのでした。その結果、ITくんにはこんなことをしてほしいという要求

を揃えました。

- **いつ実行してほしいのか**
- **何をどうしてほしいのか**
- **実行した結果、何がどうなることを期待しているのか**

これをＩＴのプロに具現化してもらうために、合意形成のためのツールとしての要件を定義しました。その要件は次の三点セットで構成されています。

○ **ＵＩ（ユーザインターフェイス）**
○ **機能**
○ **データ**

これらが一通り揃《そろ》ったので、これで「ＩＴありきのビジネスデザイン」はほぼできあがりです。しかし、最後に磨きをかけておきましょう。そこでやっておきたいのが、テスト設計です。

テスト設計のはなし

ＩＴにまつわる話として「テスト」という言葉が使われているので、本書でもテスト設計と表現しておきますが、どちらかというとこれは私たちがこれまで考えてきた、特にプロセス設計とＩＴ要件定義の内容が本当にこれで大丈夫かを見直す、いわば「レビュー」と考えたほうが良いでしょう。

具体的には第2章のプロセス設計で行った第3層の操作手順を流用します。ひとつの操作手順を「基本形」「○○の場合」「もしも○○が起こった場合」などのようにバリエーションの分だけコピーします。そして

それぞれのステップの各項目ごとに

- **ユーザがITに入力する値**
- **ITがユーザに表示する値**

を書き加えていきます。当然、これは頭の中で「これを入れたら、こういうふうに表示されるはず」という、今の時点で自分が

想像している期待

を書いているのですから、現実ではありません。ただ、その期待自体のつじつま・整合性が本当に取れているか、自分が考えているとおりで本当にこのプロセスは良いのだろうか。そういったことをいわばシミュレーションしながら確認していくという感じです。

そして、それで大丈夫だと思えば「このとおりに操作したら、こういうふうに表示されないと要件を満たしたことにはならない」ということになります。なのでこれを要件と一緒にプロに渡して「こうなってくれないと、要件をクリアしたことにならないのでよろしく」と依頼すればよいのです。

これもまた非常に手間のかかる面倒くさいことなのではしょりたくなりますが、どうせ「受け入れテスト」とか「ユーザ検収」と称して、本当に本番リリースしてもよいかの判断のために同じことを考えて実施することになります。その作業自体をはしょると、本番の実務の際にトラブルが発生してとてもとても辛い気持ちになってしまいます。急がば回れ。はしょったツケはいつか精算を強いられるのだと思って、妙な負債の金利がつかないように前倒しで済ませておきましょう。

要件定義のあとに行われること

お疲れさまでした。ここまでビジネスデザインに関する一通りのことを習得してきました。とはいえ、これはあくまでも「デザイン＝設計」でしかありません。絵に描いた餅で終わらせないために、実際に形にする必要があります。

形にするには何はともあれプログラミングをしなければならないのですが、やみくもに要件をプログラムに落とし込もうとしても、これはこれでまたたいへんです。プログラミングという仕事をうまくやるためには、定義された要件をプログラミングの材料にしやすい形に噛《か》み砕く必要があります。これがいわゆる「システム設計」です。

要件定義では、あくまでも人間とＩＴくんのやり取りを明確にしているだけでした。しかしＩＴくんは実は「情報伝達代行および定型処理代行部門」と見なすという話を先述しました。ということは、ITくんという一部門の中でさらに分業が行われるということです。その分業のいわば組織構造を定義しているのが「アーキテクチャ」です。そして今回の要件を満たすにはどのようなアーキテクチャが最適かということを考えるのが

アーキテクチャ設計

という仕事です。そしてその

アーキテクチャに対して要件をマッピングするのがシステム設計

という仕事です。要件の三点セットとしてUI・機能・データというものを定義しましたが、たとえばUIをどのように表示するか、次の画面にどうやって切り替えるか、のような細かい、けれど基本的なことをシステム全体のどの部分がどのように担うのか、とか、機能定義として「何をどうする」というのは定義してあっても、それをたとえばスマホ側

やデスクトップ上の端末側で実行するのか、それともサーバ上で行うのか、というようなことをひとつずつきちんと決めていく必要があります。

さらに情報の一元化・共有化によるリアルタイム性こそがＩＴのＩＴたるゆえんを実現する肝だという話をしました。そうすると、データベースをどのように持つのか。端末側に一時的に保存するのか。それともデータベースサーバに保存するのか。いわばデータの倉庫係としてさらに棚割りや分業の設計が必要になってきます。

というわけで、このようなアーキテクチャ設計だとかシステム設計、特に機能分割やデータベース設計などのような諸々を行って、プログラム作成まで進めて、そしてできあがったプログラムをいきなり利用者に使わせるわけにはいかないので、ちゃんとできているかどうかを個別の単体レベルでテストして確認し、分業の連鎖がうまく流れるかについて、それぞれの仕事を結合させてみて確認し、少なくとも作り手の側としては要件を満たせていると思えるようになれば、実際に試してもらいます。

こうした一連の流れは、決してできあがっているものをお店でひょいと買うような形では進められません。そこで行われるのが

プロジェクト

です。そしてプロジェクトは、日常的なルーチンワークと対比されることが多いのですが、

特殊な仕事

です。特殊というのは、基本的には一回きり（独自性）で、締切があって（有期限性）、その取り組みのために普段とは違う独自の組織を編成して実行されることが多いという意味です。その結果、一発勝負的な要素が強まるので、うまくいかない可能性がルーチンワークと比べて高い（不確実性）という特徴があります。そしていささか悩ましいこと

に、ＩＴに関するプロジェクトの成功率は残念ながら決して良好とはいえないのが業種・業態・業務の枠を超えての日本のあちこちでの実情です。その原因はいろいろとあるのですが、ほぼほぼ圧倒的に「要件定義の不備」が多いのも現実です。

そもそもプロジェクトは特殊とはいえ、仕事です。仕事ですから設計する必要があります。プロジェクトにおいてはプロジェクトデザイン（プロジェクト設計）が必要です。具体的にはプロジェクトのプロセスを設計する、いわゆる工程設計が不可欠です。この工程設計は、結局のところ「プロセス設計」です。プロセス設計の肝は

最終成果からの逆算《バックキャスティング》

です。つまり、最終成果はどのようになっているべきかという合意事項である要件がきちんと定義されていないと、当然ながらそれを実現するためのプロセスを逆算して設計することは不可能です。ところが日本の多くのプロジェクトは

プロジェクトが立ち上がってから要件定義をはじめてしまっている

ケースが非常に多いのです。プロジェクトを立ち上げるためには企画立案を行います。この際に、予算と納期がほぼ決定されます。ということは、本来はその枠の中でできる程度のことしか要件にしてはいけないのです。にもかかわらず、プロジェクトにゴーサインが出たらここぞとばかりに予算と納期という制約条件を無視して、ITでやりたいことを、しかもビジョンもプロセスも明確にしないまま、ただただ目先の問題にどう対応するかだけを列挙して実現しようと要件にぶち込んでいくケースが多いのです。

これはビフォアIT時代の商慣習のしっぽです。つまり昔々のシステム開発においてはユーザとはパンチャーやオペレータの限定された専門職のみであり、そのユースケースはほぼ限定されていました。つまり、本書で説明したようなプロセス設計は事実上、不要だったのです。ところが今は、ITが当たり前の時代です。今どきのITは昔と比べていろいろなことができます。それを活かして幅広い人が幅広い仕事で幅広い使い方をしたいのです。つまりユースケースが爆発的に拡大したのです。いえ、まだまだ拡大し続けていますし、今後もますます拡大するのです。つまり、従来に比べて要件定義の重要性は格段に増し、それは要件を定義するという仕事の材料を作り出すプロセス設計の重要性もまた増大しているということです。

ましてやＡＩだデジタル・トランスフォーメーションだ何だかんだと、ビジネスの在り方そのものがＩＴの活用によって大きく変容しようかという時代に突入するのですから、いつまでも昔のやり方のままでは同じ失敗を繰り返してしまいます。

プロジェクトを立ち上げる「前に」ビジネスデザインを行う

ことが重要です。そして

ビジネスデザインにもとづいてプロジェクト設計を行う

ことが必要なのです。「ＩＴだから」と丸投げできる時代ではなくなった、ということは強く心に刻んでおくべきでしょう。

ともあれ、ここまで読み進めていただいた方なら「何をすればいいのか、わかってきたぞ。自分たちの未来は捨てたもんじゃない！」という気持ちになっていることと思います。あとはその想いを形にしっかりと変えていくだけです。丁寧にやれば、必ず成果は出ます。面倒くさがって手間をはしょって一発大逆転を狙う。そんな都合のいい奇跡にすがって「うんざりワールド」に留まり続けるのではなく、感じている未来の可能性に向けて小さな、しかし着実な歩みを積み重ねていきましょう。

ビジネスデザインの全体構造

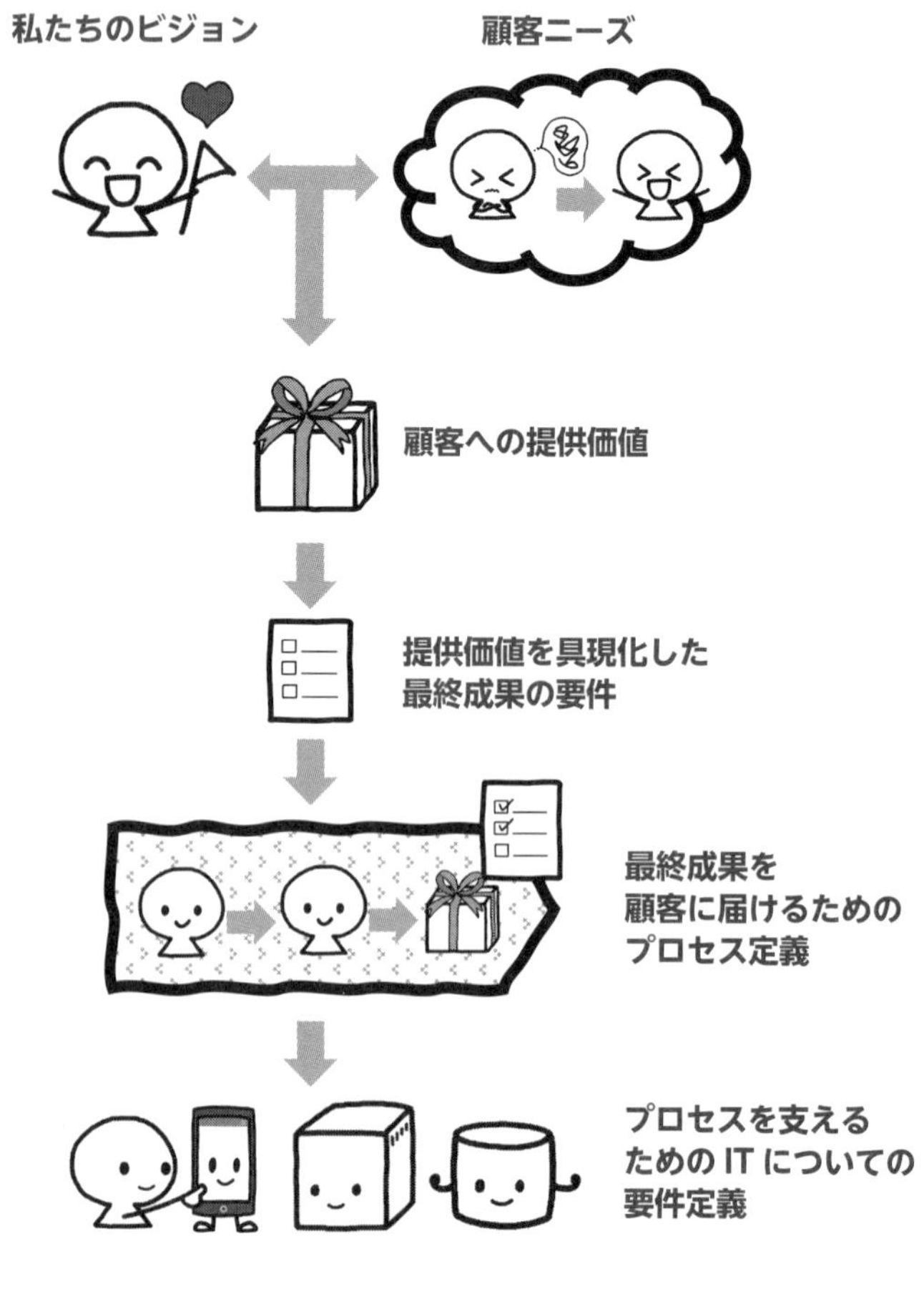

第4章

ビジネスデザインを実現するために行動しよう！

ビジネスデザインを絵に描いた餅にしないために

ここまで読み進めることで、ビジョン、プロセス、そしてＩＴについて一通りの要点をつかめたことでしょう。とはいえ、しょせんはデザイン＝設計です。こうなったらいいなぁ、こういうふうになるようにしたいなぁ、という思いの羅列であって決して現実ではありません。ですから、いわゆる「絵に描いた餅」で終わらせないために、具現化のための取り組みを行う必要があります。

そのときに立ちはだかるのが「もっともらしさ」です。たとえば「効率良く、無駄のないようにやるためには、全体をきちんと・しっかりとデザインすべきだ」といった話が出てきて、取り組み自体を非常に大掛かりにして、そのくせ全然余裕がないような計画を立て、難易度を上げてしまい自分で自分の首を絞めるような状態に陥り、そして結局何もやらない・変わらないままになってしまうケースが本当に山のようにあります。

言葉は悪いですが「身のほどを知る」ことが大切です。どれほどの職能上の知識やスキルがあろうとも、ＩＴ化のスキルとは別物です。ビジョンを設計し、それにもとづいてプロセスを設計する。そしてＩＴの要件定義をして実際にシステム開発が終わって無事にリリースする。現場で実際にそれを利用して、設計した意図のとおりに日常のプロセスが進むようになっているか、ルーチンワークとして定着しているかを確認する。ビジョンにどれくらい近づいたと実感できているかを把握するというこれらの一連の流れを「ちゃんとやりきる」ということがどのくらいできそうでしょうか。また自分だけができるつもりになっているだけでは足りません。しっかりそれが組織全体のスキルになっている必要があります。

「知ってる」と「やってる」と「できる」の間には厳然たる差があります。本書を読んで、あるいは他の手段を通じて知識として「知ってる」に至ったとしても実践していなければ、それは「畳の上の水練」でしかありません。また、一度や二度やった程度で「これでもう自分は失敗しないでできる」などと思うのは、スキル（技能）を甘く考えているとしかいえません。しっかりとした裏付けを持たないままで、すべてホールインワンで実現するのを前提とするような「効率的かつまったく無駄のない」計画を立てて、それを実際のプロジェクトにしてしまうのは、無茶を通り越して罪悪ですらあります。そのような無茶をすると、結局はネガティブな感情だけを現場に定着させて、「うんざりワールド」に居続けることを強化してしまいます。ですから、ここではやはり

急がば回れ

が大切なのだと強くいっておきたいと思います。まずは「小さい範囲」から「少しずつ」、そしてプロジェクトという不確実性のある取り組みをするのですから「失敗しても当たり前」という前提で、けれど手応えをしっかりと積み重ねていく。まったくできなかった状態から、そこそこ自信を持ってできるという状態に、自分たちの状態を変えていくという取り組みを丁寧にやっていくことが不可欠なのです。

無駄をなくしたいなら、ゴールをこそ明確にしなければなりません。ビジョンにつながらない仕事はすべて無駄です。後仕事の材料として連鎖しない仕事は、まったくもって無駄の極みです。「もっともらしい言葉」も「知ってるつもりの態度」も不要です。「自分を良く見せるために見栄を張る」ことで、いったいビジョンにどれだけ近づくでしょうか。あるいは「他所の事例を集める」。それをいったいどのように後仕事につなげるつもりで事例を求めているのでしょうか。また「完璧であろうとする」ことが、いったい自分たちの未来の何にどのように連鎖していくのでしょうか。単なる自己弁護や自己満足になっていないでしょうか。明確な意志の込められていない仕事は、自分たちのビジョンの不明瞭さをごまかすための「とりあえず」でしかないと断言します。それらのすべてこそが本当の意味で「無駄」です。必要なことは

具体的な成果を出すこと
そのために、何をどうするのかを
明確にすること

それをきちんと実際にやること

です。たったこれだけです。はしょらずにやる。楽して一発でどかんとうまくやろうなどという浅知恵はまずうまくいきません。うまくいくために必要な行動をはしょっているからであり、その行動に必要な材料が不足しているからです。

具体的な方法は本書にてこれまで説明してきましたから、ここまで読んでこられたらもう「知ってる」状態であるといえます。なので、あとは愚直に「やる」のです。やって成果を出していきましょう。そして、繰り返しになりますが、そもそもどうしてその成果を出す必要があるか。それをまずは明確にしないと、何をやってもすべてが無駄なのです。そして、そのように行動すれば出来の良し悪しはさておき、成果が出ます。成果が出れば問題も目についてくるかもしれません。むしろ、ビジョン・理想が明確になってからの行動のほうが問題が増えることでしょう。理由は簡単です。理想と現実のギャップが明確になるからです。ですが、だからこそビジョンを目指して頑張るという動機づけも湧いてくるのです。「わくわくワールド」への冒険の主人公になったつもりで、ドラマチックに問題をやっつけていくのだと、そう思えるようなビジョンを、まずはしっかりと描いてください。

目指せ「めでたしめでたし」！

このようなことをいうと、「でも、どうせうちの会社では」といった話になりがちです。「全社レベルでちゃんとやらないと効果がないよね」といって諦めてしまいがちです。では、小さな組織や個人レベルだとできないことでしょうか。そんなことはありません。人数の問題ではないのです。では、社長や個人事業主のような事業のオーナーでなければやれないことなのでしょうか？　そんなことはありません。

ビジネスという言葉には「商売」や「事業」という意味があります。同時に「仕事」という意味もあります。「ビジネスデザイン」なのですから「自分がやってる仕事」だけを対象にしてもいいのです。そしてビジネスという言葉の語源には「ケアする」というような意味もあるそうです。ですから誰かひとりでも必要としてくれる人がいるのなら、あなたには顧客がいるということです。それがいわゆる会社などでも、仕事だけでなく町内会やＰＴＡやボランティア活動であっても、あるいは家の中の家事であっても、何でも同じです。誰かの困りごと・悩みごと、その人が自力でやれないことをあなたがケアしたなら、その顧客ニーズを満たすことはもう十分それが「ビジネス」なのです。

そして何よりも、成果を後仕事に連鎖させるということを考えれば、未来の自分という後仕事に、今日の自分が材料を提供するとも考えられます。ということは、

未来の自分は今の自分にとっての顧客

ということも可能です。ですから「未来の自分をケア」することからはじめてもいいのです。

「ビジネスデザイン」を進めていくために、まずは自分のビジョンを描いてみましょう。完璧である必要はありません。付箋紙《ふせんし》などを用意することがもし面倒なら、ノートと鉛筆を持って喫茶店にでも行って、好きな飲み物などを飲みながら気楽な気持ちで「今、実現したいこと」を書き出すところからやってみましょう。そして「それが実現したら、どんな素敵なことが起こるか」を想像して書き出してみましょう。そして何となくでいいので、自分なりの本当のビジョンに触れてみましょう。ふわっとした未来で構いません。

そして次に、普段している仕事をお品書きとして書き出してみましょう。「誰向けに・何を」くらいで構いません。お品書きのすべてを正確に書き出そうとしなくても構いません。ふたつみっつほど書き出したら、そのうちのひとつについて普段どんな手順でやっているのか「いつ・何を・どう」しているのかをざざっと書いてみましょう。そして、ちょっとだけでいいので「今よりもうちょっと楽にできる方法はないかな」という感じで、自分のビジョンにつながるための余裕を生み出せるようなことを考えてみましょう。このときの大切なポイントをこっそりお伝えしておきましょう。それは

自分も誰かの顧客になっていい

ということです。顧客になるのですから何らかの対価は発生します。ですがそれ以上に、すべてを自力で解決しなくてもいいのだということを忘れないことのほうがとても大切です。誰かの助力をうまく活かすことで、自分自身が果たすべき顧客ニーズへのお役立ち、すなわちミッションをより良くできれば、それはあなたの顧客にとっても、あなたを顧客とする助力者にとっても、そしてもちろんあなたにとっても素敵なことです。

そして、こうしたビジネスデザインは、いきなりうまくいくとは思わないで少しずつ試してみてください。せっかく考えてチャレンジしたのに、とがっかりすることもあるでしょう。最初のうちは特にそうです。悩んだり、落ち込んだりすることもあるかもしれません。ですが決して自分を苦しめないでください。挑戦をし続けるとか試行錯誤を繰り返すというと格好良い表現ですが、それは要するに「いっぱい失敗している」ということなのです。ですから、むしろ一発でうまくいってしまったら格好良くなれないじゃないかというくらいの気持ちで、気楽にちょっとずつ無理のない程度で継続してみてください。いつしか思わぬタイミングで「ありがとう」といわれて、「え？　あ、そうなんだ」と気づくときが来ます。そのときには「どういたしまして」と何食わぬ顔をして、でも心の中で胸を張って返事をしてあげてください。

……ひょっとして今までいろいろな取り組みにチャレンジしてきて、「正直もう疲れたよ、これ以上何をやっても無駄だよ」というふうに感じてらっしゃる方もいるかもしれません。ですが、もしそうなのだとしたらせっかくいろいろとチャレンジしてきたのですから、そして本書をここまで読んだくらいにはまだまだ気持ちがあるのですから、ぜひともビジョンを描く気持ちを奮い立たせてみてほしいなと思います。そして明日の自分のために、もう一度ここからはじめていただけると嬉しいなと思います。

お互いに、それぞれの「わくわくワールド」を目指して頑張りましょう！

あとがき

私の書籍では恒例の長いあとがきです。

ここ数年、世の中におけるＩＴへの接し方は大きく様変わりしました。大企業においては「ＤＸ（デジタル・トランスフォーメーション）をなさない限り未来はない」というプレッシャーがかかり、あらゆる職業で「ＲＰＡ・ロボットやＡＩがあなたの仕事を奪うかも」などと期待と不安が混じり合った空気が作られ、また足元では「プログラミング教育の必修化」が進み、否が応でもＩＴと正面から向き合わざるを得ない雰囲気が醸成されてきました。かつて「ＩＴは虚業」などといわれた時代があったのが嘘のようです。そして、そんな状況で求められるようになったのが「非ＩＴ人材でもＩＴ活用できるようになる」というテーマであり、「まずはＩＴに対する要件定義ができるようになる」ということをひとつのマイルストーンとして設定されるケースが急激に増えました。

「まずはＩＴに対する要件定義ができるようになる」というマイルストーンは、ひとつのスキルの習得だけのように感じている方も非常に多いようです。しかし、こうしたケースで求められている人材像を因数分解してみると、

- ビジネスコンサルタント並みに業務におけるイノベーションを描けて
- システムエンジニア並みに要件定義ができて
- 外部業者をプロジェクトマネージャとして管理できる

という「何だその超ハイスペック人材像は?」と正直心の中で突っ込みたくなるものだったりします。個人的にはいずれも二十年以上の経験（年取ってもずっと現役をやり続けていれば経験年数だけは語れます。有能かどうかは別の話）を有していますから「いやいや、それぞれひとつの領域をマスターするだけでも大変ですよ」と思うのですが、これだ

け世の中にＩＴが普及してＩＴ活用待ったなし！　といった風潮が蔓延《まんえん》すると、一部の専門家に頼るのも限界があるのは事実です。そうした中で、超ハイスペック人材にいきなりなることは難しいかもしれませんが「最低限ここまではクリアしましょう」というミニマムスキルを修得するためのガイドラインとして本書をまとめました。

実際には、ビジネスコンサルタントのスキル領域とシステムエンジニアの領域とプロジェクトマネージャの領域というのは、それぞれ個別のものだったりします。ですから戦略も持たずにＩＴ要件定義に取り組むと各論のつぎはぎ・寄せ集めになり、実務においては「断片的な知識は豊富にあるが、成果につながる具体的な行動に何ひとつつながらない」ということに往々にしてなりがちです。そこで本書は「あくまでも自分自身の実務に活かすため」という観点で軸を貫き、それに沿って各領域の内容を統合・編集してあります。

ですから、各々に詳しい人からしたら「あれはどうなんだ」「どうしてこれについて触れてないんだ」「こんな浅いことでどうするんだ」といった指摘をしたくなる箇所もあるのは承知のうえですが、現場の実感からすると「いや、軸も基礎もない状態でいきなりそういう応用の話をてんこ盛りでぶち込むから、怖く感じるんですよ」ということは強調しておきます。そのようなわけで、本当はとにかく非ＩＴな立場の、「ＩＴ素人」の方々に「あ、こんな程度でいいんだ」と感じてもらえることを目指してまとめたつもりです。

さて、複数領域にまたがる話を統合・編集して、といいましたが、本来はもっと強く語るべきことのいくつかを本書では意図的に省略してあります。大きくは「マーケティング」「問題構造分析」「会計」についてです。マーケティングについては、具体的には顧客ニーズの話をどこまで掘り下げるかという話になるのですが、あくまでも本書の狙いは「非ＩＴな人でも、ＩＴが当たり前の時代に、自分の仕事をより良くする」というところに置きました。顧客ニーズを掘り下げていくと「事業そのもの」に突き当たり、それは与件である人のほうが職業人の大半だと考えていますので、本書ではブレない程度までで留めて切り上げています。

問題構造分析という手法については、顧客ニーズを考えるのには絶大な効果を得られる武器になりますが、マーケティングの掘り下げを切り上げた都合上、丸ごと省略しました。手法として有用なだけに既存業務の改善に適用して、結果としていつまでも問題反応型のパラダイム、すなわち「うんざりワールド」から脱出できないほうに作用してしまっているケースをあちこちで見かけるためです。今の日本および日本企業の大半の頭を抑え込んでいる閉塞感の理由がビジョンレスの問題反応型にとどまっているというのが本書における問題提起ですので、個人的には非常に残念と感じつつも今回はバッサリと切りました。昔、雑誌の記事に書いたこともあるので、機会があればどこかで見つけていただけると嬉しいです。

会計については特に「プロセスと勘定科目のマッピング」というのがプロセスの評価やマネジメントには非常に重要な要素です（これがわからないと「管理会計」が組み立てられない）が、これも本書の目指すところから軸がぶれるため、省略しました。

ともあれ、本書は「ＩＴが当たり前の時代の仕事」に関する書籍です。では「ＩＴ」とは何か。その本質は「プロセス・イノベーション」です。ではプロセス・イノベーションとは何かというと「中抜き」です。つまり中間流通の排除です。その結果が、エンドツーエンドつまり需要と供給の直結であり、セルフサービスの推進につながります。

つまり

- 顧客は誰か
- その顧客に自分は何を提供するのか

が明瞭明確でないと、中抜きの対象になって自分が「要らん子」になってしまうのです。単に右から左に流しているだけなのに勘違いして偉そうにしていると、気がついたら自分がぽつんと弾《はじ》き飛ばされているかもしれないのです。そして必要な仕事をＩＴなりＡＩなりマシンなりにどんどん仕事を代替させていったその先に、それでも人間のもとに残るも

のは何かというと、

- 自分のビジョンのために、顧客として何を必要とするか
- 自分のビジョンのために、誰を顧客としてどんなお役立ちをするか

という想い、そして意志なのです。想いを描き、それを現実にするためにデザイン（設計）をする。それに従って、ITくんやAIくんやロボくんたちが仕事をしてくれる。AIが「あの人はこういう想いを持ってるかもしれない」という推論を出してくれるかもしれません。でもそれは過去の実績ベースです。過去から跳躍《リープ》して突拍子もない想いを未来に馳せることができる。これこそが人間のもとにずっと残り続けるものです。

現場を回っていると「頭を使う仕事は面倒くさいからそういうことはコンピュータに任せて、指示された単純作業だけを自分がやるようにしたい」という方に少なからずお会いします。それはそれでひとつの未来の自分への期待です。ビジョンです。それ自体は賛否

はあれど正誤はありません。でも、想っているだけでは実現しないのです。そういう未来を実現するためには、そうなるために必要なことをデザインしないと、現実には何も起こりません。同じように「人生計画なんて大嫌い！　勝手気ままに自由に、計画なんて立てずにそのとき次第で生きていきたい」というのもビジョンです。そういう「計画を立てずにそのとき次第で生きていける」ようにするために必要なことを仕込まないと「こんなはずじゃなかった」になってしまいます。

こういった話をすると、ビジョンというのは窮屈なものだと感じる方もいるようです。しかし、ビジョンなどというのは単なる想像でしかありません。現実じゃないんです。目指す先でしかないし、それも自分が勝手に決めるだけです。ですから途中でビジョンが変わっても構わないんです。ビジョンを目指して行動していても、いつも順風満帆とは限りません。途中で障害があって、撤退・後退・回り道を余儀なくされることだってあります。ですが動かないままでは同じ場所をぐるぐる回るだけで、閉塞感と不安にまとわりつかれてしまうのです。

そんなとき、「ならば何でもいいからビジョンを掲げればいいんでしょ」と、事例にすがって借り物の正論をビジョンとして掲げるとどうなるでしょうか。それは、本当に自分たちの求める未来ではないから、心の奥底が拒否するのです。人はマシンではないのです。理屈だけで心のないあるべき論を強《し》いてしまうと、自分を痛めつけるだけなのです。

本当のビジョンがないままで、世の中がいってるからと「変革せねば！」などと叫んでみると、どうなるでしょうか。そこでの変革とは何がどうなることでしょうか？　そのために何をどうするのでしょうか？　イノベーションを起こすとは具体的に何がどうなるのでしょうか？　「ＲＰＡを導入したい」「ＤＸを実現したい」「ＩＴ人材を増やしたい」……それが実現したら、どんな素敵なことが起こるのでしょうか？　その素敵なことが起こったら、次にどんな素敵なことが起こるのでしょうか？　そこに明確なビジョンがないと、具体的に考えるほど「そもそも論」に振り回されて多くのプロジェクトが迷走し、その失敗の原因を「要件定義の不備」などと総括することになるのです。

ビジョンをでっち上げてしまったら、要するにそれは嘘をつくということです。自分に嘘をついてだまして裏切って苦しめてどうするか。あげく、現状にダメ出しをして溜飲《りゅういん》を下げてその場しのぎでいい気分になって、それで未来の自分に、どんな素敵なことが起こるのでしょうか。

別にデジタル・トランスフォーメーションなんてしなくてもいいじゃないですか。ITなんて使わなくてもいいじゃないですか。嘘偽りのない素直な本当のビジョンを実現するために、必要ならDXすればいいしITを駆使すればいい。ビジョンの実現につながらないなら別にITなんていらないのです。しょせんは手段です。もっといえば「ビジョンを持たない」というふうに考えてもいいのです。

大切なのは、いつかの未来にこうありたいのだと、それを想像するだけでワクワクする。閉塞感や不安や困りごとや悩みごとを「仕方ないなぁ」と感じながらも、それらと向き合おうとする自分をワクワクして応援できることだと、私はそう信じています。世界中で何があっても、自分だけは最後まで自分自身の味方であってください。そしてくじけそうなときに「こういう未来って、ちょっとワクワクするんじゃないかな？」と、もう一度前に進もうという意志を自分に思い出させてあげる道具のひとつとして、本書をご活用いただければ望外の喜びです。

『ARMS』というマンガの中のセリフです。

ヒトは絶望するから足を止めるんじゃない。絶望から這《は》い出ることを〝諦めて〟しまったから足を止めるんだ。ヒトは希望があるから前に進むんじゃない。希望を探そうという〝意志〟で前に進むんだ。

＊＊＊

ここで宣伝です。宣伝ですよ！　最近はすぐに「ステマ」とかいわれますが、これはステルスでも何でもなく「マ」です。読者のあなたに向けて直接の宣伝ですから、むしろダイレクト・マーケティングです。ダイマです。本書をお読みいただくだけでそれなりに成果を出せるように書いたつもりですが、具体的な手法の詳細については拙著『はじめよう！プロセス設計』（技術評論社、2016年）、『はじめよう！要件定義』（技術評論社、2015年）をぜひお読みください。また、プロセス設計と要件定義のための無料のツールも公開しています。マジカランド[注1]をご覧ください。そして、書籍だけではよくわからないという場合は、研修会社さんを通じて演習つきの定期コースの研修も提供していますのでそちらもご検討ください。個別研修についてもご相談に応じていますが、本書をお読みいただいておわかりのように、講師を担当する著者は非常にクセの強い人間ですし、大阪弁が気に障るという方も事実いますので、「そういうのは気にしない、とにかく実利実益を」という場合にはお声がけください。間違いなく「これなら自分たちでもやれる！」という手応えを得ていただけます。

＊＊＊

注1　https://magicaland.org

……さて、最後に恒例の謝辞です。書籍が形になるのは著者ひとりの力ではなく、まさしく「分業」のおかげです。今回も多くの方々に多大な迷惑をおかけしながらご尽力をいただきました。その中でも、毎度のことながらスケジュールの件でご心労をおかけし続けている担当の細谷さんに深く御礼申し上げます。元旦早々からのメール、ほんっとうに申し訳ございませんでした。そして面倒な打ち合わせに何度もお付き合いいただいて本書の軸を立てるお手伝いをしていただいた金子さんにも感謝いたします。

本書につながる拙著三部作にて大変お世話になった故・坂井直美さんに深く感謝いたします。本書でもご一緒させていただくはずでしたが、それが叶わず非常に残念に思います。ご冥福を心よりお祈りいたします。

これまで多くの機会を与えてくださったお客さまや、一緒に仕事をしてくださった方々に、心から感謝いたします。本書の知見は皆様とご一緒させていただくことで得られたものです。本当にありがとうございます。

最愛の家族、そして子どもたちに感謝いたします。特に今回は「非ＩＴな人向け」ということで、子どもたちには仮想読者として脳内で大活躍してもらいました。あなたたちの未来に少しでも本書が役に立てば、人生の先輩として嬉しい限りです。

そして今は亡き盟友の原浩一郎氏に本書を捧げます。

私をとりまくこれまでの、そしてこれからの
すべてのリレーションシップに感謝をこめて

２０２０年１月８日
羽生　章洋

- ロビン・ウィリアムス『ノンデザイナーズ・デザインブック［第4版］』（マイナビ出版）
- アンドリュー"バニー"ファン『ハードウェアハッカー～新しいモノをつくる破壊と創造の冒険 増補改訂版』（技術評論社）

- マーカス・ハマーバーグ、ヨアキム・サンデン『カンバン仕事術』（オライリージャパン）
- フレデリック W. テイラー『新訳 科学的管理法』（ダイヤモンド社）
- 加藤昭吉『計画の科学――どこでも使える PERT・CPM』（講談社）
- エリヤフ・ゴールドラット『ザ・ゴール――企業の究極の目的とは何か』（ダイヤモンド社）
- 初鹿野浩明『焼き鳥はなぜ串に刺さっているのか？ 儲けるために知っておきたい生産管理の基礎知識』（PHP 研究所）
- 近藤麻理恵『人生がときめく片づけの魔法 改訂版』（河出書房新社）
- マイケル・ハマー＆ジェイムズ・チャンピー『リエンジニアリング革命―企業を根本から変える業務革新』（日本経済新聞社）
- リアズ・カデム『1 ページ・マネジャー』（東洋経済新報社）

- 堀内一監修　IRM 研究会編『データ中心システム分析と設計』（オーム社）
- 佐藤正美『RAD によるデータベース構築技法――生産性を 3 倍にする』（ソフトリサーチセンター）
- W.H. インモン、ライアン・ソーサ、クローディア・インホフ『コーポレート・インフォメーション・ファクトリー――企業情報生態系の構築と管理』（海文堂出版）
- トム・デマルコ『構造化分析とシステム仕様＜新装版＞』（日経 BP）
- ジェームズ・マーチン『インフォメーション・エンジニアリング 1 ～ 3』（トッパン）
- ダスティン・ボズウェル、トレバー・フーシェ『リーダブルコード――より良いコードを書くためのシンプルで実践的なテクニック』（オライリージャパン）
- マーティン・ファウラー『新装版 リファクタリング――既存のコードを安全に改善する』（オーム社）

参考書籍

- ピーター・F・ドラッカー『経営者に贈る5つの質問』（ダイヤモンド社）
- アーサーアンダーセン・ビジネスコンサルティング『ミッションマネジメント――価値創造企業への変革』（生産性出版）
- スティーブン・R. コヴィー『完訳 7つの習慣 人格主義の回復』（キングベアー出版）
- ジェラルド・J. テリス『意志とビジョン――マーケット・リーダーの条件』（東洋経済新報社）
- ジム・コリンズ『ビジョナリー・カンパニー 2――飛躍の法則』（日経BP社）
- ニール・ドシ『マッキンゼー流 最高の社風のつくり方』（日経BP社）
- ロイ・バウマイスター『WILLPOWER 意志力の科学』（インターシフト）

- クレイトン・クリステンセン『イノベーションのジレンマ 増補改訂版』（翔泳社）
- クレイトン・クリステンセン『ジョブ理論 イノベーションを予測可能にする消費のメカニズム』（ハーパーコリンズ・ジャパン）
- ジョーゼフ・キャンベル『千の顔をもつ英雄 新訳版 上・下』（早川書房）
- 小阪裕司『「買いたい！」のスイッチを押す方法 消費者の心と行動を読み解く』（KADOKAWA）
- 斎藤駿『小売の説得術――モノ買わぬ消費者とのコミュニケーション』（ダイヤモンド社）
- 斎藤駿『なぜ通販で買うのですか』（集英社）
- アレックス・オスカーワイルダー・イヴ・ピニュール『バリュー・プロポジション・デザイン 顧客が欲しがる製品やサービスを創る』（翔泳社）
- ブラッド・ストーン『ジェフ・ベゾス 果てなき野望』（日経BP社）
- D・A・ノーマン『誰のためのデザイン？――認知科学者のデザイン原論 増補改訂版』（新曜社）

■ 羽生　章洋（はぶ　あきひろ）

ストーリーデザイナー／ビジネスデザイナー。桃山学院大学社会学部社会学科中退。業界歴は30年以上に及び、製造業や金融業・自治体・流通などさまざまな業種において、企業システムからゲームまでの企画・要件定義・設計・開発・運用に携わる。IT企業の受注側・発注側双方における、現場担当者から経営上の意思決定までの経験をもとに、「経営戦略からソースコードまでをきちんとつなげて語り、実装できる」日本では稀有な人材。現在はエークリッパー・インク代表として「“できる”を増やす」を掲げ、人材育成研修を中心に活動しており、大企業を中心に多くのファンを抱える。著書に『はじめよう! 要件定義』、『はじめよう! プロセス設計』、『はじめよう! システム設計』、『すらすらと手が動くようになる SQL書き方ドリル』（以上、技術評論社 刊）、『楽々ERD レッスン』（翔泳社 刊）、『いきいきする仕事とやる気のつくり方』（ソフトリサーチセンター 刊）など。

イラスト ■ 可世木　恭子（かせき　きょうこ）

法政大学経済学部卒。複数のソフトウェア会社でプログラマを経てエークリッパー・インクに参画。業務のイラスト化を中心に活動中。イラストに『はじめよう! 要件定義』、『はじめよう! プロセス設計』、『はじめよう!システム設計』（以上、技術評論社 刊）、『原爆先生がやってきた!』（産学社 刊）など。著書に『サーバサイドプログラミング基礎』（共著、技術評論社 刊）がある。

● 装丁：嶋 健夫（トップスタジオデザイン室）
● 編集・組版：株式会社トップスタジオ
● 担当：細谷 謙吾

ビジネスデザイン―未来《みらい》をつくるビジョンとプロセスとIT《アイティ》の話

2020年4月28日 初版 第1刷発行

著　者　羽生《はぶ》 章洋《あきひろ》
発行者　片岡　巌
発行所　株式会社技術評論社
　　　　東京都新宿区市谷左内町21-13
　　　　電話　03-3513-6150　販売促進部
　　　　　　　03-3513-6177　雑誌編集部
印刷・製本　昭和情報プロセス株式会社

ISBN978-4-297-11301-8 C0034
Printed in Japan